GUIDE

A NANTES.

uide à Nantes, avec 20 vues et plan de
la ville. 2 50
  même, sans plan. 1 50
s vues de Nantes sur carte, pour album.   » 20
  collection complète. 3 50
  plan de Nantes, sur papier fort, tirage
soigné, plié ou en feuille.   2   »

—PROPRIÉTÉ DE L'ÉDITEUR.

GUIDE
A NANTES

CONTENANT

L'INDICATION ET LA DESCRIPTION DE TOUT CE QUE LA VILLE DE NANTES OFFRE
DE CURIEUX EN MONUMENTS ET ANTIQUITÉS,
MUSÉES, PROMENADES, POINTS DE VUE REMARQUABLES,
ENFIN TOUS LES RENSEIGNEMENTS DONT L'ÉTRANGER A BESOIN
POUR VOIR CETTE VILLE AVEC FRUIT.

ORNÉ
DE VINGT BELLES LITHOGRAPHIES.

NANTES
LIBRAIRIE UNIVERSELLE
Mme TH. VELOPPÉ,
ÉDITEUR DU PLAN DE NANTES, PAR JOUANNE,
Quai de la Fosse, n° 1.

1870.

TABLE MÉTHODIQUE.

I. INTRODUCTION. Renseignements généraux. Arrivée à Nantes. Voitures publiques. Chemins de fer. Bateaux à vapeur.................................... 7
II. Choix d'un hôtel, Restaurants, Hôtels meublés, Chambres garnies.. 15
III. Consuls, Poste, Télégraphe, Changeurs, Cercles, Cabinets de Lecture..................................... 19
IV. Itinéraire pour les étrangers............................ 22

CHAPITRE Ier. — Nantes, situation, population, climat, limites, division administrative, superficie, budget... 24
CHAP. II. — Boulevards, Quais, Ponts, Port........... 26
CHAP. III. — Places, Colonne, Statues, Fontaine..... 29
CHAP. IV. — Rues, Passages, Impasses................ 33
CHAP. V. — Jardin, Promenades...................... 35
CHAP. VI. — Eglises, Chapelles, Temple, Synagogue. 37
CHAP. VII. — Edifices civils, Etablissements publics. 43
CHAP. VIII. — Hôtels particuliers, Maisons historiques et curieuses..................................... 44
CHAP. IX. — Théâtres, lieux de plaisirs et de réunions.. 47
CHAP. X. — Musées.................................. 49

Chap. XI. — Instruction publique, Sociétés savantes.................................... 55

Chap. XII. — Etablissements et Collections scientifiques................................ 57

Chap. XIII. — Tribunaux, Prison................ 58

Chap. XIV. — Institutions, Etablissements d'utilité publique et de bienfaisance, Hôpitaux, Hospices, Bureaux de bienfaisance, Mont-de-Piété, Caisse d'Epargnes et de Prévoyance, Sociétés de Secours mutuels............................... 60

Chap. XV. — Etablissements Militaires, Château, Casernes............................ 63

Chap. XVI. — Halles, Marchés, Abattoir......... 65

Chap. XVII. — Service des eaux................ 66

Chap. XVIII. — Etablissements relatifs au Commerce. 67

Chap. XIX. — Morgue, Cimetières.............. 68

INTRODUCTION

Renseignements généraux.

I.

ARRIVÉE A NANTES. — VOITURES PUBLIQUES.

ARRIVÉE A NANTES.

Soit que l'arrivée ait lieu par chemins de fer, par bateaux à vapeur, ou par navires, l'étranger trouvera toujours en arrivant, des voitures publiques prêtes au transport des voyageurs.

VOITURES PUBLIQUES.

Les omnibus dits des chemins de fer, qui stationnent à l'arrivée des trains, dans la cour de sortie de la grande gare, et dont le bureau central est place Royale, n° 1, conduisent les voyageurs à domicile. Ils n'ont pas de parcours fixes.

Ils vont où on leur dit d'aller.

Le prix du transport est, par voyageur à déposer, quelle que soit la longueur de la course en dedans des limites de l'Octroi, 0,60°, avec droit à 30 kilog. Au-dessus de ce poids, c'est 2 fr. en plus par 100 kilog.

Les poids inférieurs sont tarifés proportionnellement.

A chaque arrivée des trains, en outre des voitures publiques et de celles des chemins de fer, les principaux hôtels ont aussi des voitures qui stationnent dans la cour de sortie; elles conduisent les voyageurs dans les hôtels dont elles font partie.

Le prix du transport, bagages compris, est de 0,60c. L'habitude est de donner un pourboire au garçon qui a aidé à charger et décharger les bagages.

Voitures de place.

Les voitures publiques dites de place, stationnent aux endroits ci-après :

Rue de la Fosse, près la promenade de la Bourse.

Quai Penthièvre,
Quai Jean-Bart, } sur les bords de l'Erdre.
Place de l'Ecluse,

Le tarif des courses est ainsi fixé :

DE 6 H. DU MATIN A MINUIT.	DE MINUIT A 6 H. DU MATIN.
Voitures de place à 4 roues et à 2 chevaux.	
La course.......... 1 50	La course.......... 2 25
L'heure............ 1 75	L'heure............ 2 25
La 2e heure et les suivantes........ 1 50	La 2e heure et les suivantes........ 2 25

Voitures de place à 4 roues et à 1 cheval.

La course.........	1 25	La course.........	1 75
L'heure............	1 50	L'heure............	1 75
La 2ᵉ heure et les suivantes.........	1 25	La 2ᵉ heure et les suivantes.........	1 75

Quelques-unes de ces voitures vont à l'arrivée des trains au-devant des voyageurs.

Voitures de remise.

On trouve ces voitures chez MM. :
Antoine Pécoste, rue Le Kain, 5.
Cobigo-Grégoire, rue Racine, 11.
Devalet, rue Portail, 7.
Vᵉ Dubois, rue Le Kain.
Gautron et Davy, rue Franklin, 2.
Grégoire, rue Lachalotais.

Voici le tarif de ces voitures :

DE 6 H. DU MATIN A MINUIT.		DE MINUIT A 6 H. DU MATIN.	
Voitures à 4 roues et à 2 chevaux.			
La course.........	1 75	La course.........	2 50
L'heure............	2 »	L'heure............	2 50
La 2ᵉ heure et les suivantes.........	1 75	La 2ᵉ heure et les suivantes.........	2 50
Voitures à 4 roues et à 1 cheval.			
La course.........	1 50	La course.........	2 »
L'heure............	1 75	L'heure............	2 »
La 2ᵉ heure et les suivantes.........	1 50	La 2ᵉ heure et les suivantes.........	2 »

Chaque voiture doit être munie du tarif.

Règlement de police.

Nous n'en donnons qu'un extrait en ce qui concerne les articles 45 et 52.

« Art. 45. Lorsque les objets laissés dans
» les voitures, n'auront pas pu être remis di-
» rectement aux personnes qui les auront ou-
» bliés, ils devront être déposés dans les 24
» heures au bureau de police, à la Préfecture.

» Art. 52. Lorsqu'un voyageur, sorti de
» Nantes, renverra la voiture, après être ar-
» rivé à sa destination, le retour sera payé au
» cocher en raison du temps qu'il aura mis
» pour se rendre de la station au lieu où sa
» voiture a été quittée. »

Omnibus.

La Compagnie générale des omnibus a ses bureaux rue des Olivettes.

Le bureau central d'arrivée est sur la place du Commerce, touchant la Bourse.

Les lignes desservies par ces voitures sont les suivantes :

De la place du Commerce :
- A l'extrémité Ouest de la Grenouillière (commune de Chantenay.) Cette ligne porte le nom de ligne de la Fosse.
- A la route de Rennes. (Octroi.)
- A la place Pirmil, ligne des Ponts.
- Au boulevard Sébastopol.
- A la route de Paris. (Octroi.)
- Au quartier Launay. (Octroi.)

Ces voitures, qui contiennent de 10 à 14 voyageurs, font leur service, l'été, de 7 heures du matin à 10 heures du soir, et l'hiver, de 8 heures du matin à 9 heures du soir.

Le prix de la course est de 20 c. par personne, quel que soit le chemin parcouru. Le transport de paquets, pris au passage, s'effectue moyennant un léger supplément de prix non tarifé.

A chaque extrémité des lignes, il existe un bureau dans lequel on se fait délivrer des numéros d'ordre lorsqu'il y a encombrement de voyageurs.

Toutes les lignes correspondent entre-elles; toutefois, l'échange de voiture n'a lieu qu'au bureau central de la place du Commerce, moyennant un supplément de 10 centimes.

Nantes est la mère-patrie des *omnibus*. Les premières voitures de ce genre furent établies à Nantes, en 1826, par M. Baudry, qui, peu d'années après, monta à Paris l'entreprise du même nom, laquelle a donné naissance à toutes les autres voitures du même genre, soit à Paris, soit en province.

Chemins de fer.

Il existe deux gares de voyageurs à Nantes.

La gare principale, celle d'Orléans, située à l'extrémité Est des quais bordant la Loire, reçoit les voyageurs pour toutes les lignes.

La gare de la Bourse, située près du monument de ce nom, dessert les lignes de Saint-

Nazaire et de Bretagne. Les bagages pour la ligne de Saint-Nazaire, sont seuls reçus; des billets d'aller et retour à prix réduits sont délivrés pour cette ligne.

On prend aussi à la gare de la Bourse des correspondances pour Paimbœuf et Pornic, le Pouliguen, Batz, le Croisic, ce qui est fort commode dans la saison des bains de mer.

Les prix des places ainsi que les heures des départs et d'arrivées, étant susceptibles de modifications, nous n'en ferons pas mention.

Nota. — Les heures de Nantes sont de 17 minutes en retard sur celles de Paris, qui, comme on sait, sont adoptées par la marche des trains.

Bateaux à vapeur

Les heures de départ et d'arrivée ne pouvant être fixées invariablement, à cause des saisons et du mouvement des marées à Nantes, nous ne les mentionnons pas.

Les lignes desservies sont :

De Nantes pour
- *Angers*. Bureau, quai Maillard, 5, entre le Château et la place du Bouffay. 1 départ par jour, le matin.
- *Bordeaux*, quai de l'Ile-Gloriette, 20. 2 départs par semaine.
- *Bordeaux et le Midi*, quai de la Fosse, 39. — Trois départs par semaine.

DE NANTES POUR

L'Espagne et le Portugal. Bureaux, avenue de Launay, 12. — Deux départs par mois.

Lorient, touchant à Saint-Nazaire et à Belle-Ile. Embarcadère, quai de la Fosse, en face le n° 66. — Départs le matin tous les jours pairs.

Nort. Embarcadère, quai Ceyneray, 9, devant la façade postérieure de la Préfecture. Correspondance pour Châteaubriant, Meilleray, où se trouve un remarquable couvent de trappistes.

Paimbœuf et Saint-Nazaire. Embarcadère, quai de la Fosse, près le Bureau du Port. — Deux départs par jour. En hiver, le deuxième voyage s'arrête à Paimbœuf. Correspondance pour Pornic et Préfailles, deux points où l'on prend des bains de mer.

Depuis quelque temps des promenades ont lieu en Été les dimanches et jours de fêtes, sur la Sèvre, entre Nantes et Vertou, et sur l'Erdre entre Nantes et Nort.

Les premières n'ont cependant lieu, que si la hauteur des eaux de la Loire, dont il faut traverser plusieurs bras, le permet. Nous engageons fortement à visiter ces deux charmantes rivières.

Les prix des transports étant sujets à variation, nous n'en parlerons pas.

Voitures desservant les environs de Nantes.

QUAI DUGUAY-TROUIN, 2.

Challans.	Machecoul.	Les Sables.
Clisson.	Port-Saint-Père.	Vertou.
Loroux-Bottereau.	Saint-Gilles.	

HÔTEL DE L'EUROPE, PLACE NEPTUNE, 7.

Beauvoir.	Challans.	Gesté.
Bouaye.	Châteaubriant.	Luçon.
Bouin.	Châtillon.	Machecoul.
Bourgneuf.	Chollet.	Marans.
Bressuire.	Clisson.	

CAFÉ TURENNE, QUAI TURENNE, 2.

Aigrefeuille.	Chap.-Basse-Mer.	Loroux-Bottereau.
Aizenay.	Chollet.	Noirmoutier.
Beauvoir.	Clisson.	Palluau.
Bernerie.	Chevrolière.	Pornic.
Bouin.	Legé.	Port-Saint-Père.
Bourgneuf.		

QUAI TURENNE, 6.

Aizenay.	Machecoul.	Saint-Colombin.
Beauvoir.	Noirmoutier.	S.-Et.-de-Corcoué.
Bourgneuf.	Palluau.	Saint-Philbert.
La Marne.	Pont-James.	Viais.
Legé.	Pornic.	

Passages d'eau.

Le passage dit *de l'Ile-Durand*, qui va de la Fosse, un peu en amont du Bureau du Port, à la Prairie-au-Duc, franchit deux bras de la Loire. Il fonctionne depuis le soleil levant jusqu'au soleil couchant.

Le parcours entier se paie 0,05c par personne.

Le parcours de la Fosse à l'Ile-Gloriette, 0,03c
Celui de l'Ile-Gloriette à la rive gauche, 0,02c
Celui dit *de Trentemoult*, qui va de l'extrémité aval des quais de Nantes bordant la Loire, au village de Trentemoult, situé sur la rive opposée.

Le prix du passage est de 0,05c par personne lorsque le nombre de voyageurs est d'au moins 5, au-dessous de ce chiffre, si l'on est pressé de passer, le prix est alors fixé à 0,25c.

Un service de bateaux à vapeur va sous peu desservir ce passage.

II.

CHOIX D'UN HOTEL, RESTAURANTS. — MAISONS DE SANTÉ. BAINS.

Choix d'un Hôtel.

Les principaux hôtels sont :

Sur la Fosse, 63, l'*Hôtel Béziaux*; fréquenté par les capitaines au long-cours, la marine.

De Bretagne, sur la place du Port-Communeau, près la Préfecture ; il est fréquenté par la noblesse, les propriétaires des environs.

Du Commerce et des Colonies, rue Santeuil, presqu'à l'entrée du passage Pommeraye, galerie du haut; il est fréquenté par le commerce.

De l'Europe, place Neptune, devant la Poissonnerie ; les propriétaires et métayers des environs y descendent.

De la Fleur, petite rue Bon-Secours, près la Poissonnerie ; même voyageurs que pour l'Hôtel de l'Europe.

De France, sur la place Graslin ; il est fréquenté par les fonctionnaires, négociants, les hauts personnages.

De la Maison-Rouge, près le pont de la Belle-Croix ; les propriétaires, entrepreneurs, métayers y descendent.

Du Morbihan, rue Piron.

De Nantes, rue Piron, près la place Graslin ; fréquentés tous deux par les propriétaires, le commerce.

De Paris, rue Boileau, près le passage Pommeraye.

Des Voyageurs, rue Molière, 4 ; ces deux derniers reçoivent le commerce, les propriétaires, etc.

Il existe beaucoup d'autres hôtels, que le cadre de notre ouvrage ne permet pas de citer, mais ceci ne leur implique aucune exclusion.

Restaurants à prix fixe ou à la carte.

Les principaux sont :

Le Grand-Restaurant, place Graslin, 4, en face le Grand-Théâtre.

Du Rocher de Cancale, même place.

De l'Hôtel de France, même place.

De la Bourse, place du Commerce, 13, près la Bourse.

Levraud, place de la Bourse.

Martin, passage Pommeraye, galerie du bas, 21.

Hôtels meublés.

Nous citerons comme vraiment confortable l'hôtel tenu par Mme Chollet, rue Gresset, 8, non loin du Grand-Théâtre.

Dans presque tous les quartiers, on trouve des chambres fort bien tenues; mais c'est dans le quartier Graslin qu'elles sont le plus agglomérées.

Cafés, Salons de Rafraîchissements.

Les plus fréquentés sont ceux de la place Graslin, celui de *Paris*, touchant la Halle aux Blés.

Meunier, quai de Richebourg, près la grande Gare.

Du Passage, passage Pommeraye, galerie du milieu, 13.

De la Renaissance, rue Molière.

En Été, il se fait une grande consommation de glaces et sorbets dans les salons de MM. Sarradin, confiseur à l'angle des rues Lafayette et du Calvaire, et Guillet, rue de la Fosse, 38, à l'entresol.

Maisons de Santé.

Il existe, sous le nom de Maison Francheteau, son fondateur, rue de Rennes, 65, un établissement des plus confortables. Il est ouvert à tous les malades atteints d'affections aiguës ou chroniques. Il y a un quartier d'aliénés, spécialement autorisé et complétement séparé du reste de l'établissement.

Bains publics.

Il existe plusieurs établissements de Bains à Nantes; dans tous, on y est généralement bien, ce sont :

Les bains flottants, quai Duguay-Trouin, et quai Turenne.

Du Calvaire, dans la rue de ce nom, 8.

De la Petite-Hollande, place de ce nom, 4.

De Sainte-Marie, rue Paré, au bas de la rue du Calvaire, 8.

De Launay, rue Dudrezène, 4, près la tour à plomb.

Des Bains à prix réduits, organisés par l'Administration municipale de Nantes, sur le quai de la Maison-Rouge, près le pont de la Belle-Croix, rendent de grands services à la population ouvrière par la modicité de leurs prix. On y prend des douches et des bains de toutes sortes, à prix réduits.

III.

CONSULS, POSTES, TÉLÉGRAPHE, CHANGEURS, CERCLES, CABINETS LITTÉRAIRES.

Consuls.

Il existe à Nantes 21 Consulats pour les nations et contrées ci-après : Angleterre, Autriche, Belgique, Bolivie, Brésil, Danemark, Espagne, États-Unis, Haïti, Italie, Nouvelle-Grenade, Pays-Bas, Portugal, Prusse, Russie, San-Salvator, Suède et Norwége, Turquie, Uraguay, Venuezela, Villes Anséatiques.

Les demeures des Consuls étant sujettes à de fréquents changements, nous ne les donnerons pas (1).

Postes.

L'Administration centrale des Postes est située dans le passage Pommeraye, galerie supérieure.

Des boîtes aux lettres sont réparties dans les endroits ci-après :

Place du Pilori, 1.
Rue Contrescarpe, 81.
Quai Turenne, 2.
Quai de la Fosse, 48.

Quai de la Fosse, 81.
Hôtel de la Bourse, place du Commerce.
Rue de l'Évêché, 5.

(1) Nous renvoyons à l'*Annuaire Nantais* pour les différentes adresses de Nantes. Prix : 1 fr. 25. Chez Mme Th. Veloppé, à l'angle du quai de la Fosse et de la rue Jean-Jacques Rousseau.

Rue Saint-Clément, 60.
Rue Petite-Biesse, 2.
Place Saint-Félix.
Place Pirmil.
Rue Lanoue-Bras-de-Fer.
Rue de Rennes, 33.
Rue Richebourg, 105.
A la Préfecture.
Rue Allard, 4.

Aux Salorges.
Rue Saint-Rogatien, 8.
Au Palais-de-Justice.
Rue Voltaire, 25.
Rue Mondésir.
A la Mairie.

Chaque Boîte indique l'heure de la levée des lettres.

Une boîte supplémentaire est placée à la Gare de la Bourse, pour les lettres à destination de Saint-Nazaire. Il y en a une également à la grande Gare, pour les lettres de la ligne de Paris qui sont enlevées quelques minutes avant le départ de ce convoi.

Télégraphie.

Les bureaux du télégraphe sont situés rue Saint-Julien, 1, près la place Royale ; ils correspondent avec tous les bureaux télégraphiques de France et de l'étranger. Ils sont ouverts, du 1er avril au 30 septembre de 7 heures du matin à minuit, et du 1er octobre au 31 mars, de 8 heures du matin à minuit.

Change de Monnaies.

Un seul bureau spécial de changeur existe à Nantes, sur la place Royale, 3 ; il est tenu par M. Pabst.

Cercles et Cabinets de Lecture.

Les cercles sont :
Celui des *Beaux-Arts*, rue Voltaire, 4.

De l'*Hôtel de France*, place Graslin, 2.
Du *Sport*, rue du Calvaire.
Chambre de la Haute-Rue du Château, 4.
Chambre des Tourelles, place du Commerce, 12.

Cercle de l'Avenir, rue de la Bourse.

Loge maçonnique de *Mars et les Arts*, rue de la Fosse, 28.

D° de *Paix et Union*, petite rue de la Bourse, 1.

Les étrangers sont reçus dans ces cercles sur la présentation d'un des membres.

Les cercles des Beaux-Arts et du Sport occupent des hôtels remarquables; le premier, rue Voltaire, non loin du Grand-Théâtre; le second est installé dans l'hôtel Chardonneau, rue du Calvaire; tous deux renferment de jolies salles où, chaque hiver, des concerts et des fêtes ont lieu fréquemment.

Les cercles littéraires sont :

Celui situé à l'angle de la rue Jean-Jacques et de la place Graslin, au 1er étage.

Celui de la place du Port-au-Vin.

Un cercle nautique est établi sur les bords de la rivière d'Erdre, près le village de la Jonnelière (*page 48.*)

IV.

MODÈLE D'ITINÉRAIRE.

Voici l'ordre dans lequel on pourra voir les curiosités de Nantes dans le moins de temps possible.

Nous supposons le point de départ à la place Graslin.

1er jour. La rue Crébillon, la place Royale, page 33, la *fontaine*, la rue d'Orléans, le pont d'Orléans, les quais de l'Erdre, en se dirigeant vers la place du Port-Communeau, l'*Hôtel-de-Ville*, page 43, le *Muséum d'Histoire Naturelle*, ouvert les mardis, jeudis et dimanches, de 11 heures à 3 heures du soir, page 54. La place du Port-Communeau, la *Préfecture*, page 42, la rue Royale, la *Cathédrale*, page 37, la *Psallette*, page 46, *la place Louis XVI*, page 31, le *cours Saint-André*, page 36, la rue Saint-Clément, page 41, *l'église S.-Clément*, page 41, les *différents couvents* de cette rue, la *Salette*, page 41; puis on reviendra jusqu'à Saint-Clément; on prendra la rue latérale à cette église pour voir le *cimetière de la Bouteillerie*, puis le *Jardin des Plantes*, le boulevard Sébastopol, la *Manufacture des Tabacs*, la *Gare*, le quai Richebourg, la place de la Duchesse-Anne, le *cours Saint-Pierre*, page 36, le *Musée d'Archéologie*, page 53, ouvert les jeudis et dimanches, de midi à 4 heures, le *Château*, page 63, le quai Maillard, la place du *Bouffay*, page 31, l'*église Sainte-Croix*, page 41, les maisons des rues *Saint-Vincent* et de *Briord*, retour par la rue d'Orléans.

2ᵉ jour. La rue Jean-Jacques Rousseau, du bas de laquelle on voit l'hôtel *Deurbroucq* de l'autre côté de la Loire, la *Bourse*, page 43, la *Bibliothèque*, page 57, ouverte tous les jours, excepté les lundis et fêtes et le 1ᵉʳ mardi de chaque mois, de 11 heures à 4 heures. Les quais *Brancas* et *Flesselles*, la *Poissonnerie*, l'*Hôtel-Dieu*, page 60, la *ligne des ponts*, l'*Hospice Saint-Jacques*, page 60.

3ᵉ jour. L'*église Saint-Nicolas*, page 40, le *Musée de Peinture*, ouvert les mardis, jeudis et dimanches, de midi à 4 heures, page 49, la place Bretagne, la rue Mercœur, le *Palais de Justice*, page 58, la *statue de Billault*, page 32, la *Prison*, page 59, la *Gendarmerie*, la rue des Arts, l'*Abattoir*, la rue Coutance, la place Viarme, *les réservoirs d'eau*, page 66, les rues Menou, Harrouis, le *boulevard Delorme*, la chapelle des *Jésuites*, page 41, la place Delorme, la rue Copernic, le *Temple protestant*, page 42, la rue Urvoy-de-Saint-Bédan, la place de la Monnaie, l'*École des Sciences*, la rue Voltaire, l'*Hôtel des Beaux-Arts*, page 21.

4ᵉ jour. Le *cours Napoléon*, page 31, la *statue de Cambronne*, page 32, les rues de Bréa, d'Alger, l'*église Notre-Dame*, page 40, la rue Mazagran, les quais, les *Entrepôts*, l'escalier

Sainte-Anne, la carrière de Miséry, l'*avenue de Lusançay*, page 36, l'*église Sainte-Anne*, le boulevard Saint-Aignan, la place Launay, la rue de Launay.

Le soir, le *Grand-Théâtre*, page 47, le *Théâtre-Renaissance*, page 47, *les Cafés de la place Graslin*, la rue du Calvaire où se trouve le *Sport*, les rues Boileau, Crébillon, d'Orléans, fréquentées chaque soir par un grand nombre de promeneurs.

CHAPITRE PREMIER.

NANTES.

SITUATION, POPULATION, CLIMAT, LIMITES, DIVISION ADMINISTRATIVE, SUPERFICIE, BUDGET.

Situation, Population.

Nantes est situé sur les rives de la Loire, de la Sèvre et de l'Erdre; sa position hydrographique est exceptionnellement bonne. Elle est presqu'entièrement bâtie sur le versant sud du coteau de Bretagne ; son heureuse situation l'élève aux premiers rangs des villes de France ; elle est éloignée de 54 kilomètres de la mer. Elle reçoit le flux et le reflux de la mer.

Sa population normale était au dernier recensement de 107,587 âmes, et sa population totale de 111,956 âmes.

Climat.

Le climat de Nantes est humide. Pour une période de 20 années, la température moyenne a été, en hiver, de + 3°,6 du thermomètre centigrade, et en été, de 26°; pendant quelques jours de l'hiver 1867-1868, la température s'est abaissée jusqu'à — 14°. La hauteur moyenne du baromètre est de 0,763 à 0,766.

Les vents régnants sont ceux d'Ouest Nord-Ouest.

Limites, Division, Superficie, Budget.

Les limites de Nantes, n'ayant aucune ligne apparente, sont impossibles à donner à l'étranger ; les différents bureau d'octroi placés aux barrières, sont les seuls points de démarcation.

Nantes est divisée en six arrondissements de police et de justice de paix.

Sa superficie est de 4,279 hectares, occupée par plus de 6,000 maisons.

Le budget de la ville de Nantes, en 1837, s'est élevé à.... 3,549,007 f. 19
Dépenses ordinaires........ 2,137,520 13
Dépenses extraordinaires... 1,377,805 50
Excédant des recettes... 33,681 f. 56

CHAPITRE II.

BOULEVARDS, QUAIS, PONTS, PORT.

Boulevards.

Le *boulevard Delorme,* situé sur la partie la plus élevée de Nantes, assez fréquenté le jour, l'est fort peu le soir, les maisons qui le bordent n'ayant pas de magasins pour attirer les curieux ou les flaneurs.

Le *boulevard Sébastopol,* situé près de la grande gare, est dans le même cas.

Le *boulevard Saint-Aignan,* presqu'à la limite Ouest de la ville, est peu fréquenté.

Quais.

Nantes a un développement considérable de quais ; la plus grande longueur est de 4,000^m, elle s'étend depuis la gare principale, jusqu'à la Grenouillière, extrémité Ouest de la ville.

Le développement des autres quais réunis forme un chiffre d'environ 10,000 mètres.

Les quais les plus fréquentés, sont : ceux dits du *Port-Maillard,* en aval du Château, et dont la construction remonte à 1809.

Du *Bouffay, Flesselles, Brancas.* Ces 2 quais sont séparés par la rivière d'Erdre ; c'est en ce point qu'est l'entrée du canal de Nantes à Brest.

Puis le *quai Henri-Chevreau,* longeant la Bourse ; à la suite, le *quai de la Fosse,* point sur lequel il existe un très-grand mouvement.

Le passage du chemin de fer sur presque

toute la longueur de ces quais, constitue un fait assez remarquable, sinon unique. Les habitants se sont assez vite habitués à cette grande gêne, et les accidents sont extrêmement rares, quoique les passages des trains soient très-fréquents dans la journée.

Les autres quais sont au nombre de 32 (*p.* 70.)

Leur presque totalité est bordée de maisons importantes et d'un très-bel aspect.

Ponts.

Les ponts, au nombre de 21, sont assez beaux. Les principaux sont : celui *d'Aiguillon*, près la Poissonnerie, dont la construction remonte à 1757 ; il est formé d'une seule arche pleine de hardiesse.

Celui de la *Belle-Croix*, faisant suite au premier. Son nom primitif lui vient d'une croix placée dans le prolongement Sud de ce pont. Cette croix fut détruite pour faire place à des constructions que l'on vient de démolir pour former la grande place située devant le nouvel Hôtel-Dieu. On a pensé conserver la tradition du nom en érigeant sur le milieu du nouveau pont, une croix de fonte assez modeste. Sa reconstruction date de 1862. Nantes, vue le soir de ce point, a un aspect gigantesque.

Le *pont de la Madeleine*, faisant suite au deuxième, fut construit en 1711 et restauré en 1840. Il est d'un bel aspect. La vue dont on jouit sur ce pont est très-belle.

Le *pont de Pirmil*, à l'extrémité de cette

ligne de ponts, est formé de deux parties, de dates différentes. La partie rive gauche a été reconstruite en 1711, celle rive droite, en 1862. Ce pont a 260 mètres de longueur. Si la partie rive gauche était construite comme l'autre, l'ensemble serait remarquable, comme légèreté. Cette suite de ponts réunis par des rues, est désignée sous le nom de *ligne des Ponts;* elle n'a pas moins de 2 kilom. de longueur.

Les autres ponts, qui n'ont rien de remarquable, sont :

Le pont de la *Bourse*, touchant ce monument.

Le pont *Maudit*, qui lui fait suite, a été construit en 1843.

Le pont d'*Erdre*, au confluent de l'Erdre avec la Loire, entre le pont d'Aiguillon et celui de la Bourse.

Le pont *Tracktir*, touchant la grande Gare.

Le pont d'*Orléans*, dans le prolongement de la rue de ce nom.

Le pont de l'*Ecluse*, sur le même bras de rivière et touchant l'Ecluse.

La petite passerelle suspendue qui existe entre ces deux ponts, porte le nom d'*Arcole*.

Les ponts de l'*Hôtel-de-Ville*, *Morand*, tous deux sur le même bras et en amont de la passerelle d'Arcole.

Le pont de *Pont-Rousseau*, situé au confluent de la Sèvre et de la Loire.

A deux kilomètres environ en amont de la ligne des ponts, on aperçoit une nouvelle file de ponts très-remarquable, c'est celle qui dessert le chemin de fer de la Vendée; les piétons n'y ont point accès. Sa construction toute récente est d'une hardiesse et d'une légèreté qui ne laissent rien à désirer; les plus beaux matériaux y ont été employés.

Port.

Le port se divise en deux parties: celle supérieure, qui a pour limite les ponts de la Bourse, Maudit, Madeleine et Pirmil, porte le nom de *port Fluvial*.

La partie inférieure, celle au-dessous de la limite ci-dessus, porte le nom de *partie Maritime*: elle peut recevoir les navires du plus fort tonnage.

Les importants chantiers de construction que Nantes possède sont situés dans la partie maritime; le plus grand nombre est établi sur la rive gauche, à l'extrémité Ouest de la Prairie-au-Duc.

Les mises à l'eau des navires, toujours très-attrayantes, ont lieu généralement à 6 heures du soir, les jours de pleine et de nouvelle lune.

CHAPITRE III.

PLACES, COLONNE, STATUES, FONTAINE.

Places.

Les places sont au nombre de 52. Les plus importantes sont :

La place *Royale*, au pied de la rue Crébillon, construite sur les dessins de Mathurin Crucy, architecte; elle a été bâtie en 1790. Elle se compose de neuf massifs de maisons assez remarquables ; neuf rues y aboutissent.

Une belle fontaine, inaugurée en 1865, la décore *(p. 33)*.

La place *Graslin*, dont les bâtiments ont aussi été élevés sur les plans de Mathurin Crucy, vers 1785. Le Grand-Théâtre qui la décore, les vastes maisons qui l'entourent, font un ensemble du plus bel effet. Sept rues y aboutissent.

La grande place située devant le nouvel Hôtel-Dieu. Deux squares fort bien entendus en font le principal ornement.

La place de la *Monnaie*, située derrière l'Ecole des Sciences (ancien Hôtel des Monnaies), non loin du Grand-Théâtre. Un marché de fruits, légumes et spécialement de châtaignes se tient sur cette place.

La place *Notre-Dame*, devant l'église de ce nom, dans la partie Ouest de la ville.

La place *Bretagne*, dont l'aspect n'a rien de remarquable, mais qui est le rendez-vous, chaque année, depuis le mois de décembre jusque vers la fin de février, des bateleurs, saltimbanques de toutes sortes.

Chaque samedi, il s'y tient un marché dans le genre de celui du Temple, à Paris.

La place *Viarme*, dans la partie Nord de la

ville ; elle sert de champ de foire ; c'est sur cette place qu'ont lieu les exécutions capitales.

C'est là que le général vendéen Charette fut fusillé, le 20 mars 1796.

La place *Saint-Pierre*, devant la Cathédrale. Les nouveaux alignements en font un ensemble d'un bel effet.

La place *Louis XVI*, située près la Cathédrale, entre les cours Saint-Pierre et Saint-André. Une colonne la décore (*p. 32*).

La place de la *Préfecture*, devant l'hôtel de ce nom, est construite dans des proportions assez vastes : elle est le centre du quartier de la noblesse.

La place du *Port-Communeau*, près la Préfecture.

La place de la *Duchesse-Anne*, au pied du cour Saint-Pierre, reçoit chaque matin la plus grande partie des approvisionnements en fruits et légumes destinés à la consommation journalière.

La place du *Bouffay*, en face la Poissonnerie, sur la rive droite de la Loire, sert aussi de marché. Elle est tristement célèbre par les sinistres souvenirs qu'elle rappelle ; c'est là que la guillotine en permanence, en 1793 et 1794, fit couler le sang à flots.

La place du *Palais de Justice*, devant l'édifice de ce nom. On y remarque la statue de Billault (*p. 32*).

La place ou cours *Napoléon*, près le Grand-

Théâtre. Les belles constructions parfaitement symétriques qui l'encadrent, dues à l'architecte Mathurin Crucy, en font un ensemble des plus harmonieux. La statue du général Cambronne est placée au milieu.

Colonne.

Au milieu de la place Louis XVI, on remarque une colonne. Elle fut élevée en 1790. Elle ne reçut qu'en 1823 la statue de Louis XVI que l'on voit aujourd'hui. L'état de dégradation de cette statue compromet la sécurité publique, il est question de la remplacer par une nouvelle.

Statues.

Sur la place du Palais de Justice, on voit la statue du ministre d'Etat *Billault*. Elle date de 1867. Les sculptures sont dues au ciseau de M. Amédée Menard. L'expression de la physionomie du ministre d'Etat est fidèlement reproduite. Le piédestal de la figure principale est en pierre du Jura. Le second socle octogone, avec piédestaux, est en pierre de Laber, le plus beau granit de Bretagne. Les quatre figures allégoriques sont : l'Histoire, l'Eloquence, la Jurisprudence et la Justice, d'un beau caractère et d'un style élevé, elles ont été coulées dans les ateliers de M. Voruz, de Nantes.

La statue du général *Cambronne*, située sur le cours Napoléon, a été érigée en 1848 ; elle est due au ciseau de Debay. L'attitude est fière et majestueuse.

La statue de *sainte Anne*, située presqu'à l'extrémité Ouest des quais du port maritime, domine le vaste escalier qui donne accès au quartier Saint-Anne.

Nous parlerons (*p.* 36), à propos des promenades, des statues qui décorent les cours Saint-Pierre et Saint-André.

Fontaine.

L'immense fontaine placée sur la place Royale a été inaugurée en 1865. Les grandes statues qui l'ornent sont dues au ciseau et à la munificence de M. Ducommun, sculpteur et receveur général; elles représentent la Loire; l'Erdre, la Sèvre, le Cher et le Loiret. Celle en marbre blanc, qui surmonte l'édifice, représente la ville de Nantes. Sa vasque, en granit dur d'un seul morceau, est remarquable.

Les petits génies sont de M. Grotaers.

CHAPITRE IV.

RUES, PASSAGES, IMPASSES.

Nantes possède plus de 400 rues, 7 passages, 17 impasses.

Rues.

Les rues les plus fréquentées sont :

La rue *Crébillon*, qui va de la place Graslin à la place Royale. La rue d'*Orléans*, qui commence à la place Royale ; c'est le quartier des bijoutiers, orfèvres, joailliers.

Le *Carrefour de la Casserie*, qui fait suite à la rue d'Orléans et finit à la Basse-Grande-Rue ; la Haute-Grande-Rue termine.

La rue de la *Fosse*, qui fait suite aux quais du même nom.

Les rues du *Calvaire*, *Voltaire* et *Jean-Jacques Rousseau*. On achève la grande percée qui doit aboutir au quai Maillard, près le Château ; cette rue exécutée dans de vastes proportions, sera d'un bel effet.

Passages.

Le passage *Pommeraye*, qui va de la rue Crébillon à la rue de la Fosse, peut rivaliser avec ce que la capitale a de plus beau en ce genre. Sa construction exécutée sur les plans de MM. Buron et Durand-Gasselin, architectes, remonte à 1843. Il est divisé en trois parties :

La première, celle supérieure, qui débouche dans la rue Santeuil, se nomme Galerie Santeuil.

Celle du milieu, dans l'intérieur de laquelle paraît un vaste escalier, se nomme Galerie des Statues.

Celle inférieure, qui commence au pied de l'escalier, se nomme Galerie de la Fosse.

Les charmantes statues qui décorent la galerie du centre, sont de M. Debay fils.

L'escalier a 52 marches, et est divisé en deux par un large palier.

La longueur totale de ce passage est de 106 mètres.

Le passage *d'Orléans*, donnant dans la rue du même nom.

Le passage *Bouchaud*, qui aboutit à la Basse-Grande-Rue, non loin de l'église Sainte-Croix.

Les autres ne méritent pas la mention.

CHAPITRE V.

JARDIN, PROMENADES.

Jardin.

Nantes possède un jardin public qui est le *Jardin des Plantes* ; c'est un des plus remarquables établissements de ce genre qu'on trouve en province. C'est en 1860 qu'il fut transformé et livré au public. Une de ses curiosités, c'est la grande allée de magnolias, cette essence ne venant bien que dans le département de la Loire-Inférieure.

On y professe un cours gratuit de botanique et de taille des arbres.

Il est ouvert au public tous les jours de 9 heures du matin au coucher du soleil, en Hiver, et de 8 heures du matin au coucher du soleil en Été.

Promenades.

Les principales promenades sont :

Celles de la *Fosse*, qui borde le port maritime. Le mouvement des navires, les jolis points de vue qu'elle offre, en font un lieu des plus attrayants. Le passage du chemin de fer a malheureusement nécessité l'abattage d'arbres immenses qui en faisaient un lieu des plus agréables en Été.

Les *cours Saint-André et Saint-Pierre*, séparés par la place Louis XVI, derrière la Cathédrale, promenades plantées d'arbres, fort agréables. Des exercices militaires ont lieu presque tous les jours sur le dernier ; les deux statues placées à son extrémité vers la Loire, représentent Anne de Bretagne et Arthur III. Les restes de ce dernier ont été déposés dans le tombeau de François II (*p.* 38).

Les statues qui décorent l'extrémité du cours Saint-André, vers l'Erdre, sont celles d'Ollivier de Clisson et de Bertrand-Duguesclin.

Les *bords de l'Erdre* depuis la Préfecture jusqu'au pont de Barbin.

Le Cours Napoléon (*p.* 31).

Le Boulevard Delorme (*p.* 26).

La Tenue Camus, à l'extrémité du boulevard Delorme.

L'avenue de Lusançay, à l'extrémité Sud de laquelle se trouve une rotonde d'où l'on jouit d'un magnifique panorama ; elle est située non loin de l'escalier Sainte-Anne, presqu'à l'extrémité du quai de la Fosse ; elle est plantée d'une superbe allée de magnolias.

Les *hauteurs de Sainte-Anne*, près l'avenue de Lusançay.

Les *diverses routes* aboutissant à Nantes, toutes plantées.

CHAPITRE VI.

ÉGLISES, CHAPELLES, TEMPLE, SYNAGOGUE.

Nantes compte 13 églises, 23 chapelles, 1 temple, 1 synagogue.

Eglises.

Les principales sont :

La *Cathédrale* dédiée à Saint-Pierre.

Le monument actuel remonte au XVe siècle. Le portail est composé de trois entrées d'un bel effet. Deux tours carrées, trop lourdes, à l'état brut, de 63^m de hauteur, terminent le portail.

L'intérieur est imposant. La nef immense, dont les piliers s'élancent hardiment jusqu'à la naissance des voûtes, est d'un effet majestueux ; elle est supportée par 10 piliers et a 37,50 de hauteur. Les côtés renferment des chapelles.

La première à gauche est consacrée aux baptêmes.

La seconde à S.-Donatien et S.-Rogatien.

La troisième, celle du Saint-Sacrement, est ornée d'un très-bel autel.

De l'autre côté de la nef, est une chapelle style renaissance.

En remontant, on trouve une autre chapelle dans laquelle on remarque un tableau représentant Saint-Clair ; la boiserie masque le tombeau d'un évêque.

Dans le transept, à gauche du chœur, on remarque le tombeau de François II. C'est à tort qu'on l'appelle quelquefois tombeau des Carmes, parce qu'il avait été primitivement élevé dans l'église des Carmes. C'est un chef-d'œuvre de sculpture dû au ciseau de Michel Columb, en 1507. Il fut érigé sur l'ordre d'Anne de Bretagne. Déposé d'abord dans l'église des Carmes, détruite aujourd'hui, il fut transporté dans la Cathédrale en 1789. Détérioré en 1793, il a été restauré en 1817. La statue de droite représente François II, et celle de gauche Marguerite de Foix, sa seconde femme.

Aux quatre angles sont des personnages allégoriques. Aux deux côtés sont les 12 apôtres ; du côté de la tête du tombeau sont saint François d'Assise et sainte Marguerite ; au pied, Charlemagne et saint Louis.

Ce magnifique tombeau, mutilé à plusieurs reprises, ne renferme que les restes d'Arthur III, duc de Bretagne.

Le chœur de la Cathédrale, construit dans le

onzième siècle, doit être remplacé par un autre, dont la construction déjà fort avancée ne fait cependant pas pressentir l'époque où nous pourrons admirer dans son ensemble complet cet immense monument.

On peut monter dans les tours, visiter les orgues, les cloches, moyennant 1 fr. 50 qu'on donne au concierge, quel que soit le nombre de visiteurs à la fois.

Du sommet des tours, un immense panorama se développe.

D'une part, en se tournant vers le Château, on aperçoit successivement : ce dernier, la Loire, la prairie de la Madeleine, un second bras de la Loire, puis l'hospice Saint-Jacques ; à l'horizon le coteau de Vertou dont le pied est baigné par la Sèvre ; un peu à droite, la ligne des ponts. Dans le prolongement de la ligne de Vertou, on découvre la butte des Allouettes, près des Herbiers (Vendée).

D'autre part, en se plaçant devant la place Saint-Pierre, on domine presque toute la ville ; l'horloge Sainte-Croix, la flèche Saint-Nicolas, le vaste dôme Notre-Dame, la tour à plomb de Launay, la Ville-en-Bois qui n'a plus rien de commun avec ce nom ; un peu plus à droite, le Palais de Justice, la prison, le temple protestant. A gauche de la Loire, le bourg de Rezé, Trentemoult ; à l'horizon, l'église du Pellerin, à 16 kilomètres, les coteaux de Couëron, à 14 kilomètres de Nantes.

En se tournant du côté de la place Louis XVI, on voit tout le faubourg Saint-Clément avec ses nombreux couvents, la rivière d'Erdre, tête du canal de Nantes à Brest, la Préfecture, l'Abattoir, les gazomètres, l'église Saint-Similien; à l'horizon, le château d'Orvault.

Puis, vers le haut de la Loire, le cour Saint-Pierre, la Gare, la Manufacture des Tabacs, la prairie de Mauves; à l'horizon, Varades, Champtoceaux, à 28 kilomètres, et sur la gauche, Meilleraye, où est la Trappe, à 40 kilomètres.

En descendant des tours, on rencontre la sonnerie, composée de huit cloches; la plus grosse pèse environ 6,000 kil., la plus petite atteint le poids de 600 kil. La charpente de la sonnerie est très-remarquable.

L'*église Saint-Nicolas*, près la place Royale, due au zèle et à la persévérance de M. le curé Fournier, a été commencée en 1843; la bénédiction de la première pierre a eu lieu le 1er juillet 1844. Elle a été livrée au culte, le 25 octobre 1854.

Cette remarquable église est construite dans le style du xiiie siècle, sur les projets de M. Lassus, architecte de Paris. — C'est le monument le plus complet que Nantes possède en ce genre.

L'*église Notre-Dame*, située dans la partie Ouest de la ville, a été commencée en 1846, et livrée au culte le 12 août 1858.

Construite, dans le style grec, sur les dessins de M. Chenantais, architecte de Nantes.

Son dôme a quelque ressemblance avec celui des Invalides, à Paris.

L'*église Saint-Clément*, située près le cours Saint-Pierre, dans la partie Est de la ville, est construite dans le style du XIII° siècle, sur les dessins de M. Liberge, architecte de Nantes.

Plus loin, la *chapelle de Notre-Dame-de-la-Salette*; elle a été commencée en 1858 et livrée au culte depuis 1860. C'est un monument d'une grande élégance, d'une architecture hardie. Quelques sculptures sont dignes de fixer l'attention. M. l'abbé Rousteau en est l'architecte.

L'*église Sainte-Croix*, près la place du Bouffay.

Le clocher, restauré il y a quelques années, a reçu une tour qui rappelle l'ancienne campanille de la tour du Bouffay, qui portait le beffroy aujourd'hui installé dans le clocher de Sainte-Croix.

La *chapelle des Minimes*, située près le cours Saint-Pierre, fondée en 1469, fut, en 1793, transformée en atelier, puis rendue au culte en 1850.

L'*église Saint-Jacques*, à l'extrémité de la ligne des ponts, date du XII° siècle.

La *chapelle des Pères de la Foi*, située près la rue du Calvaire, dans la rue Dugommier; sa construction récente est d'une légèreté et d'une élégance remarquables.

Les autres églises et chapelles, que nous

nous contenterons de citer, à cause du peu d'intérêt qu'elles offrent, sont : *Saint-Similien, Saint-Félix, Saint-Donatien, la Madeleine, la chapelle Bonne-Garde, Notre-Dame-de-Toutes-Joies, Saint-François, Sainte-Anne.*

Nous n'avons qu'un *temple protestant*, il est situé sur la place Gigant, dans la partie Nord-Ouest de la ville. Sa construction récente a été exécutée sur les dessins de M. Driollet, architecte de la ville.

Le culte Israélite fait ses cérémonies dans la *synagogue* située impasse Rosière, non loin du Temple protestant. Il est question d'en reconstruire une nouvelle sur un autre point.

CHAPITRE VII.

ÉDIFICES CIVILS ET ÉTABLISSEMENTS PUBLICS.

La *Préfecture*, ancien palais de la cour Souveraine et Chambre des Comptes de Bretagne, remonte au 6 septembre 1763.

Elle est construite sur les dessins de l'architecte Ceyncray ; elle a 64 m de longueur sur 22 m de largeur.

Un bel escalier à deux rampes, conduit aux appartements du 1er étage. La Préfecture y fut installée en 1800. On y remarque surtout la chambre d'entrée et celle du Conseil.

Les archives départementales sont dans les

appartements du rez-de-chaussée et dans les caves voutées. C'est un dépôt très-riche en renseignements, surtout pour l'histoire de Bretagne.

Les bureaux sont dans le bâtiment nouvellement construit à gauche.

L'*Hôtel-de-Ville*, construit dans le style du xve siècle, est situé près de la Préfecture. Il a été affecté à sa destination actuelle en 1578.

Le portique, surmonté des statues de la Loire et de la Sèvre, a été construit par Mathurin Crucy, architecte. Les statues, du sculpteur Debay, s'appuient sur un écusson sur lequel on voit les armes de Nantes, un navire portant cette devise : *Favet Neptunus eunti*.

Deux grandes salles assez vastes, consacrées aux cérémonies, existent à l'intérieur, mais elles n'ont rien de remarquable ; l'une d'elles contient une vue de la Fosse en 1800.

Les archives renferment un grand nombre de documents très-précieux.

L'*Hôtel de l'Intendance militaire*, situé à l'angle sud de la place Louis XVI.

L'*Hôtel de la Marine et des Colonies*, situé rue Voltaire, près l'hôtel des Beaux-Arts.

L'*Hôtel de la Banque*, situé rue Lafayette, près le Palais de Justice.

L'*Hôtel de la Bourse*, situé sur le bord de la Loire, rive droite, a été construit en 1810 sur les dessins de Mathurin Crucy. La grande salle est consacrée aux réunions quotidiennes du commerce. Quatre immenses colonnes corinthiennes soutiennent son plafond.

Le tribunal de commerce a ses bureaux au 1er étage, à gauche.

La façade donnant sur la place du Port-au-Vin a son entablement ornée de quatre statues, ce sont : celles de Jean-Bart, Duguay-Trouin, Duquesne et Cassard. Devant la façade opposée est la promenade. C'est là que chaque dimanche matin se tient le *marché aux fleurs*. Cette façade a son entablement supporté par 10 colonnes d'ordre corinthien. A chaque colonne correspond une statue. L'une d'elles représente la ville de Nantes, 4 autres les quatre parties du monde; puis, la Prudence, les Beaux-Arts, l'Abondance, l'Astronomie et la Loire.

La *Manufacture des Tabacs*, située près la grande gare, sur le boulevard Sébastopol, est un très-bel établissement. Plus de 2 hectares de terrain sont occupés par lui. Un grand nombre d'ouvriers y sont employés.

CHAPITRE VIII.

HÔTELS PARTICULIERS, MAISONS HISTORIQUES ET CURIEUSES.

La maison des *Tourelles*, à l'entrée du quai de la Fosse, n° 5, où, dit-on, Henri IV signa l'édit de Nantes en avril 1598, lequel fut révoqué en 1685. Cette maison fut la propriété d'André Rhuys. Elle reçut Charles IX, à son passage à Nantes.

La maison n° 17, même quai, est un beau specimen des constructions de la fin du XVII° siècle.

Plus loin, sur la Fosse, n° 37, *l'Hôtel des Douanes*, construit par Ceyneray.

Les maisons des quais Brancas, Flesselles, construites aussi sur les plans de Ceyneray.

L'immense hôtel *Deurbroucq*, situé Ile-Gloriette, près le pont Maudit.

Les beaux hôtels du cours Napoléon.

L'hôtel *Chardonneau*, occupé par le cercle du *Sport*, rue du Calvaire (*p.* 21.)

Celui des *Beaux-Arts*, rue Voltaire, dont nous avons déjà parlé (*p.* 21.)

L'*Hôtel Briand Du Marais*, rue Saint-Clément, d'une belle architecture. Il est malheureusement encaissé entre des constructions récentes importantes.

La maison n° 9, rue de Briord, non loin de la Cathédrale, est connue sous le nom d'*Hôtel de la Bouvardière*. Il fut bâti pour Pierre Landais, trésorier de François II, duc de Bretagne. Il fut habité plus tard par le duc de Mercœur, qui en devint également propriétaire. La Duchesse Anne s'y réfugia en 1487, pendant le siège de Nantes. Marguerite de Valois l'habita. Lanoue Bras-de-Fer en fut aussi propriétaire.

Cet hôtel est aujourd'hui transformé en magasin de meubles.

La *maison* n° *13*, même rue, fut habitée par Mme de Sévigné, Lenôtre et Lebrun.

La *maison à tourelles*, portant le n° 3 de la rue Fénelon, touchant la rue Briord, reçut, en 1598, Gabrielle d'Estrées.

La *Psallette*, près la Cathédrale, dans la rue Saint-Laurent, est une remarquable construction, qui appartient au xve siècle.

La *maison* n° *23*, de la rue Saint-Léonard, près l'Hôtel-de-Ville. On lit sur une plaque incrustée dans la façade : « *Molière a joué la comédie dans ce jeu de paume en 1648.* »

La *maison* n° *8* de la rue Saint-Jean; elle est dite des Sœurs de S.-Vincent-de-Paul. Elle fut construite à la fin du xve siècle. La statue de S. Vincent-de-Paul, qui orne un des angles de cette maison, est due au ciseau de Thomas Louis.

La *maison* n° *30*, rue de Gigant, remarquable par les tristes souvenirs qu'elle rappelle, était située autrefois à l'extrémité du boulevard Delorme. Elle fut transportée pierre par pierre à l'endroit qu'elle occupe aujourd'hui, et elle offre actuellement le même aspect qu'à l'époque où elle était fréquentée par Carrier, le représentant du peuple, qui l'avait donnée à sa maîtresse, nommée la Prasle.

CHAPITRE IX.

THÉATRES, LIEUX DE PLAISANCE ET DE RÉUNIONS.

Théâtres.

Le *Grand-Théâtre* fut construit en 1786, sur les plans de Mathurin Crucy. En 1796, un incendie brûla complétement l'intérieur. La façade actuelle et les murs seuls restèrent. Une restauration eut lieu en 1810. La façade, ornée de huit colonnes de l'ordre composite, est d'un bel effet. Sur l'entablement, les statues des muses concourent heureusement à l'ornement de cette façade.

Quatre galeries forment l'intérieur.

Une restauration récente a modifié les dispositions de l'ancienne salle.

Deux belles statues de Molière et de Corneille décorent le vestibule.

On y joue tous les genres.

Voici le prix des places :

Fauteuils de 1re de face.	} 4f.	Loges d'avant-scène..	} 3 50
Fauteuils de parquet. .		Fauteuils de 1re galerie de côté.	
Loges de 1re.			
Baignoires.		Loges de 2e gal. de côté.	2 50
Secondes, loges de face.		Stalles de parquet. . .	} 3 »
		2mes galeries de face.	
Parterre.	} 2f.	3mes galeries.	1 »
2mes galeries de côté. .		4mes galeries.	» 50

Le *Théâtre de la Renaissance*, situé place Brancas, près le Palais de Justice, a été inauguré le 1er janvier 1868. Il a été construit sur les plans de M. Chenantais, architecte.

Il donne spécialement des représentations d'artistes de passage de toutes sortes.

On y remarque un joli foyer.

Les prix des places sont ainsi fixés :

Fauteuils de premières.	2 50	Stalles de parquet.	1 50
Fauteuils de parquet..	2 50	Pourtour.	1 50
Baignoires.	2 50	Secondes.	1 »
Loges.	2 »	Troisièmes.	» 50
Stalles de premières..	1 50	Quatrièmes.	» 25

Courses.

Les Courses avaient lieu autrefois sur la prairie de Mauves, dont l'immensité était extrêmement propice à ce genre de fête. Elles ont été transportées, à partir du 1er mai 1868, à la *Lande de la Plée*, située à 10 kil. 500 m. de Nantes. On peut y aller par le chemin de fer de Vendée.

Canotage.

Le Canotage nantais organisé sur une assez grande échelle, a un cercle situé sur les bords de l'Erdre. Le nombre considérable des embarcations toutes plus élégantes les unes que les autres, s'accroît chaque année. Plusieurs régates ont lieu périodiquement sur l'Erdre et sur la Loire. Souvent les canotiers nantais ont pour concurrents des Angevins, des Bordelais même.

Le lieu du stationnement des embarcations est, l'Été, en amont du pont de Barbin et à l'entrée du canal de Chantenay; en Hiver, près le pont de Barbin et au cercle. On peut visiter la rivière d'Erdre en louant un des nombreux canots amarrés en amont du pont de Barbin.

Natation.

Trois écoles de Natation fonctionnent chaque Eté. L'une située immédiatement en amont du pont de Belle-Croix ; l'autre immédiatement en aval du pont Maudit, toutes les deux dans le même bras de la Loire.

La 3e, sur la prairie de Mauves, qui borde la Loire, tout à fait à l'Est de la ville, est une enceinte formée de planches établies sur la berge, et qui n'offre absolument rien de confortable.

Un maître nageur est attaché à chaque établissement.

Une *école d'Equitation*, assez fréquentée, est située rue Lafayette.

Un *Gymnase* bien installé existe dans la rue Sainte-Marie, près l'église Notre-Dame.

CHAPITRE X.

MUSÉES.

Musée de Peinture.

Le *Musée de Peinture* est situé rue de Feltre, derrière l'église Saint-Nicolas ; sa formation remonte seulement à 1810. Il fut commencé par la collection de M. Cacault. Plus tard, Fournier, architecte-voyer de la ville, l'enrichit. Quelques envois du gouvernement, des acquisitions faites par la ville, et enfin des legs de Clarke de Feltre et Urvoy de Saint-Bédan achevèrent de doter Nantes d'une des plus riches collections de province. Outre les tableaux aujourd'hui exposés, la ville en possède une quantité presque égale que l'exiguité du monument actuel ne permet pas de mettre au jour. L'agrandissement du musée est décidé et une seconde aile de bâtiment permettra l'exhibition de toiles remarquables, tenues en réserve.

Le Musée est ouvert les mardis, jeudis et dimanches, de midi à 4 heures. Les vacances ont lieu, chaque année, du 1er au 30 septembre.

Les étrangers peuvent néanmoins obtenir facilement l'entrée en tout temps, en s'annonçant comme tels.

Des autorisations sont délivrées aux personnes qui désirent copier des tableaux pendant les heures où le public n'est pas admis.

Nous citerons les toiles les plus remarquables, que nous avons placées par école et dans l'ordre de mérite, suivant l'opinion généralement admise.

ÉCOLE FRANÇAISE.

220 Sigalon. — Athalie faisant massacrer les princes de la race de David.

63 P. Delaroche. — 1re pensée de l'hémicycle du palais des Beaux-Arts, à Paris.
103 Gros. — Combat de Nazareth.
24 Brascassat. — Lutte de Taureaux.
218 Scheffer (Ary). — L'Enfant charitable.
61 P. Delaroche. — Enfance de Pic de la Mirandolle.
1208 Gérôme. — Le prisonnier.
101 Greuze. — Portrait du fils du comte de Saint-Morys.
219 Schnetz. — Funérailles d'une jeune Martyre dans les catacombes de Rome.
1202 Baudry. — La Magdelaine pénitente.
1203 Id. — Charlotte Corday.
102 Greuze. — Portrait de M. le comte de Saint-Morys.
114 Ingres. — Portrait de femme.
252 Ziégler. — Daniel dans la Fosse aux Lions.
192 L. Robert. — Ermite.
192 Robert. — Baigneuses.
193 Robert. — Petits pêcheurs de Grenouilles.
62 P. Delaroche. — Jeune Fille à la balançoire.
51 Id. — Agamemnon méprisant les saintes prédications de Cassandre.
226 Steuben. — La Esmeralda.
244 Vernet. Abraham renvoyant Agar à Ismaël.
254 Wateau. — Arlequin dans une cariole.
1209 Hamon. — L'Escamoteur, le Quart-d'Heure de Rabelais.

27 Brascassat. — Taureaux blancs.
34 Id. Taureaux et autres dans une prairie.

ECOLE ITALIENNE.

410 Sébastien Del Piombo. — Tête de Christ portant sa Croix.
500 André Del Sarto. — La Charité.
503 Pérugin. — Le Prophète Isaïe.
504 Id. — Id. Jérémie.
510 Léonard de Vinci. — La Vierge aux Rochers.
332 Albani. — Saint Jean baptisant Jésus-Christ.
370 Canaletti. — Une vue de Venise.
371 Id. — Place Navone, à Rome.
443 Id. — Saint Jean-Baptiste caressant l'Agneau sans tache.
406 Guardi. — Assemblée générale des Nobles vénitiens.
407 Guardi. — Carnaval de Venise.
350 Id. — Phocion refusant les présents d'Alexandre.
468 Sacchi. — Convoi funèbre d'un Evêque.

ÉCOLES ESPAGNOLE ET HOLLANDAISE.

728 Ribera. — Jésus discutant avec les Docteurs.
906 Wouverman. — Halte de Cavaliers.

ÉCOLE FLAMANDE.

867 Rubens. — Triomphe d'un guerrier.

769 Bœyrmans. — Les vœux de saint Louis de Gonzague.
794 Coques. — Un Magistrat flamand et sa famille.
859 Rembrantd. — Portrait à mi-corps.
795 Crayer. — Éducation de la Vierge.

SCULPTURES, BRONZES, PLATRES, OBJETS D'ART.

983 La Cléopâtre, sculpture en marbre blanc de Carrare, de M. Ducommun du Locle; cette statue est un don de l'auteur. Elle a été reproduite en bronze pour la galerie du Luxembourg.
984 L'Amour et Psyché, marbre blanc, par Maximilien.
985 Polymnie, statue en marbre blanc.
986 Statue de Hyacinthe blessé par Apollon, par Maximilien.

Quelques bronzes de Desprez, Debay, Etex, sont estimés.

Les plâtres sont estimés aussi.

Le n° 1104 se rapporte à un cabaret artistique provenant de la manufacture de Sèvre.

Musée Archéologique.

Le *Musée Archéologique*, derrière la Cathédrale, est installé dans l'ancienne église de l'Oratoire depuis 1856.

Ce monument qui n'a d'intéressant que son ancienneté, a été construit en 1600, et terminé en 1678. Les Oratoriens y enseignèrent jusqu'en 1793. Restauré en 1856, on y déposa depuis les curiosités archéologiques, parmi lesquelles on remarque des antiquités romaines, un autel funéraire antique ayant la forme d'une auge.

Il est à regretter qu'on y entasse, comme on l'a fait depuis quelque temps, une quantité de pierres de démolition provenant de l'ancienne collégiale ; elles n'offrent, isolées ainsi, pour la plupart, aucun intérêt.

Le catalogue des objets composant le Musée, est loué par le concierge.

Muséum d'Histoire Naturelle.

Le *Muséum d'Histoire Naturelle*, fondé en 1810, est situé près l'Hôtel-de-Ville, rue du Port-Communeau, n° 5.

Il est ouvert les mardis, jeudis et dimanches, de 11 heures du matin à 3 heures du soir. Les vacances ont lieu chaque année du 1er septembre au 1er octobre.

Il renferme une riche collection minéralogique dans la salle du haut, qui contient en outre, la collection géognostique du département de la Loire-Inférieure, parfaitement classée ; c'est une des plus belles collections qui existent.

Le long du mur de l'escalier qui monte au premier étage, on voit une peau d'homme tannée; c'est celle d'un soldat espagnol tué à Nantes en 1793.

L'exiguité du local et sa mauvaise situation, ont fait décider sa reconstruction sur un autre point.

CHAPITRE XI.

INSTRUCTION PUBLIQUE, SOCIÉTÉS SAVANTES.

Le *Lycée Impérial*, situé près le Jardin des Plantes, est un établissement très-important. Plus de 550 élèves y reçoivent l'instruction.

L'*Ecole de Médecine et de Pharmacie* est établie à l'Hôtel-Dieu. Les examens de fin d'année et les concours pour les prix ont lieu dans le mois d'août.

Un grand nombre d'élèves suivent les cours.

L'*Ecole préparatoire des Sciences et des Lettres*, située rue Voltaire, fut successivement Hôtel de la Monnaie et Palais de Justice. L'Ecole installée en 1855 y fonctionne depuis cette époque. Les cours qui ont lieu le soir, sont publics et gratuits, sauf une faible rétribution pour les élèves qui y prennent inscription pour les exercices pratiques.

L'*Ecole d'Hydrographie*, rue de Flandres, pour former des capitaines au long-cours et au cabotage.

L'*Ecole des Sourts-Muets*, située à la Persagotière, près S.-Jacques, est dirigée par un Frère.

1 *Ecole professionnelle municipale*, rue des Coulées, 19.

3 *Séminaires*, dans le quartier S.-Clément.

Les autres écoles, au nombre d'environ 250, comprennent dans ce nombre :

1 Cours gratuit de botanique et d'arboriculture.
1 Cours gratuit d'agriculture et d'économie rurale.
1 Ecole gratuite de dessin.
1 Ecole industrielle des apprentis.
1 Ecole gratuite élémentaire, suivant la méthode d'enseignement mutuel.
10 Salles d'asile.
5 Ecoles-ouvroirs gratuites pour les jeunes filles, dont une dirigée par les Sœurs.
6 Ecoles gratuites pour les jeunes filles, dont une dirigée par les Sœurs.
6 Ecoles d'adultes, dont trois dirigées par les Frères des Ecoles chrétiennes.
9 Ecoles chrétiennes.
1 Ecole communale élémentaire gratuite.
1 Ecole d'orphelins.

Société Académique, rue du Calvaire, 7.

Cette société se compose de membres résidants et correspondants en très-grand nombre ; elle s'occupe des sciences, des lettres, des beaux-arts. Elle se subdivise en plusieurs sections, qui sont :

L'Agriculture, le Commerce et l'Industrie.
La Médecine.
Les Sciences, Lettres et Arts.
Sciences naturelles.

La *Société d'Horticulture* de Nantes a été fondée en 1826. Son but est d'encourager la propagation de la culture en tous genres. Elle a réussit de la manière la plus complète, et chaque année, grâce aux encouragements qu'elle donne, on a à constater de nouveaux progrès.

CHAPITRE XII.

ÉTABLISSEMENTS ET COLLECTIONS SCIENTIFIQUES.

La *Bibliothèque*, située sur le quai Brancas, au-dessus de la Halle aux blés, a été fondée en 1853. Ce n'est qu'en 1867 qu'elle fut installée dans le local qu'elle occupe aujourd'hui. Plus de 48,000 volumes, 200 manuscrits, une grande quantité de gravures et de médailles, forment cette riche collection.

Parmi les curiosités qu'elle renferme, on peut surtout citer le 2e volume de la *Cité de Dieu de saint Augustin*, par Raoul de Presle; ce manuscrit date de la fin du xve siècle. Il fut fait pour Philippe de Commines.

Le 1er volume de cet ouvrage est, dit-on, au Muséum de La Haye.

Le public est admis à la Bibliothèque, de 11 heures du matin à 4 heures du soir, excepté les lundis, les jours de fête et le premier mardi de chaque mois. Elle est aussi ouverte le dimanche. Les vacances ont lieu, chaque année, du 15 septembre au 15 octobre.

Le *Muséum d'Histoire naturelle*, dont nous avons déjà parlé (*p.* 54).

Le *Musée d'Archéologie* (p. 53).

CHAPITRE XIII.

TRIBUNAUX, PRISON.

Tribunaux Civils.

Le siége des Tribunaux civils est au Palais de Justice, situé à l'extrémité de la rue Lafayette. Ce monument a été exécuté sur les plans de MM. Seheult et Chenantais, architectes.

Il fut inauguré en 1852. Construit dans d'assez vastes dimensions, les distributions intérieures sont très-remarquables. La salle des Assises est située au rez-de-chaussée comme celle du Tribunal civil, de la Police correctionnelle et du Parquet.

Le greffe, les archives, la bibliothèque du Palais, et les salles pour le Barreau se trouvent au premier étage.

Dans la façade, on remarque, sous l'arcade

d'entrée, un groupe représentant la Justice protectrice de l'innocence contre le crime; deux statues placées dans les niches à droite et à gauche, représentent la Force et la Loi.

Les sessions de la Cour d'Assises ont lieu tous les trois mois.

Les rappels de jugement, en matière correctionnelle, sont portés à la Cour de Rennes.

Tribunal de simple Police.

Le Tribunal de Police, établi provisoirement rue du Moulin, 18, est tenu par six Juges de Paix de Nantes alternativement, pendant trois mois.

Le ministère public est représenté par un commissaire de police.

Tribunal de Commerce.

Les audiences, tenues dans l'Hôtel de la Bourse, ont lieu les mercredis et samedis de chaque semaine, et les samedis seulement pendant les vacances qui ont lieu, chaque année, en septembre et octobre.

Le greffe du Tribunal est au premier étage, à gauche.

Tribunal Commercial Maritime.

Les séances se tiennent au bureau de la Marine, rue Voltaire, 6.

Prison.

La Prison, établie entre la gendarmerie et

le Palais de Justice, est construite dans de vastes dimensions ; sa forme octogonale se prête bien à de bonnes distributions intérieures.

Cet établissement est considéré comme modèle, 500 détenus peuvent y trouver place; quatre grandes cours les séparent.

Elle a été construite sur les plans de M. Chenantais.

CHAPITRE XIV.

INSTITUTIONS D'ÉTABLISSEMENTS D'UTILITÉ PUBLIQUE ET DE BIENFAISANCE, HOPITAUX, HOSPICES, BUREAUX DE BIENFAISANCE, MONT-DE-PIÉTÉ, CAISSE D'ÉPARGNES ET DE PRÉVOYANCE, SOCIÉTÉS DE SECOURS MUTUELS, ETC.

Le *Dépôt de Mendicité* est situé dans la rue des Orphelins, 13.

L'*Hôtel-Dieu*, hôpital inauguré le 16 mars 1865, a été construit sur les plans de M. Chenantais, à la suite d'un concours; il est situé près le pont de la Belle-Croix.

On y compte 21 salles, un grand nombre de cabinets, renfermant un nombre total de 1142 lits.

Les malades, moyennant un prix modéré, peuvent être installés dans des cabinets particuliers, où tous les soins leur sont prodigués.

L'*Hôpital général Saint-Jacques* est situé

à l'extrémité de la ligne des Ponts. Il aspecte, d'une part, la rue Saint-Jacques, entrée principale, et d'autre part, le bord de la Loire, côte Saint-Sébastien. Sa position est des plus agréables. Une distribution bien entendue rend cet établissement extrêmement salubres. C'est un des plus importants de France en ce genre.

La construction a été édifiée sur les plans de MM. Douillard frères, architectes. Chaque année on y ajoute quelques annexes. On y a établi récemment une succursale de l'Hôtel-Dieu.

Cet hospice est destiné aux vieillards infirmes, aux épileptiques, au traitement des aliénés, et aux orphelins.

De nombreux pensionnaires, moyennant une pension minime, trouvent place dans ce vaste établissement.

Les étrangers sont admis à le visiter de midi à quatre heures. Ils sont accompagnés d'un guide qu'on leur donne en entrant.

L'*Hospice des Incurables*, dit hospice de la Providence, rue des Orphelins.

Les femmes seules sont admises comme pensionnaires.

L'*Asile des Vieillards*, dit de Saint-Anne, établi dans le passage Russeil, quartier de Bel-Air, est de création récente. Un legs de M. Urvoy de Saint-Bédan a été affecté à la création de cet utile établissement. La collection Urvoy de Saint-Bédan, qu'on voit au Musée des Tableaux, n'a été donnée à la ville qu'à condition qu'elle se chargeât de la construction de cet asile.

Les *Bureaux de Bienfaisances* sont divisés en 18 sections pour les différents quartiers. Ils sont tous placés sous l'autorité du Maire qui en est le président-né.

Les différentes sections appartiennent à cinq bureaux principaux. Chaque bureau est composé d'un président, de plusieurs administrateurs, de commissaires-visiteurs, de dames de charité.

Il existe, en outre, une Société de Charité maternelle, dont Monseigneur l'Evêque est président-honoraire.

A Nantes, la bienfaisance est instituée sous toutes les formes.

De nombreuses crèches, dont la création remonte déjà loin, fonctionnent fort bien.

Le *Mont-de-Piété* est situé place St-Vincent.

Les bureaux sont ouverts tous les jours, de neuf heures du matin à deux heures du soir, excepté les jours fériés et ceux désignés pour les ventes.

La *Caisse d'Epargne*, installée provisoirement rue du Moulin, 18, reçoit les versements les dimanches, de 9 heures à 1 heure, les fêtes exceptées. Le montant de ces versements ne peut excéder 900 fr. Le Livret ne peut dépasser 1,000 fr. les intérêts compris.

Les remboursements se font les lundis, de 10 heures à 1 heure.

Société de secours mutuels. — Elle a son siége dans le passage Raymond, derrière le Grand-Théatre ; de nombreux ouvriers en font partie.

Nous terminerons le chapitre des œuvres de bienfaisance en mentionnant les établissements de *Fourneaux alimentaires municipaux*, qui fonctionnent, chaque année, pendant la saison rigoureuse.

CHAPITRE XV.

ÉTABLISSEMENTS MILITAIRES, CHATEAU, CASERNES.

Château.

Le *Château* date de 930 ; il fut agrandi en 1050 et en 1200 ; augmenté de fortifications en 1480 par François II, réparé par le duc de Mercœur en 1588. Ce que l'on en voit aujourd'hui, est presqu'entièrement du xve siècle.

En 1670, il fut en partie la proie des flammes.

En 1800, la tour du nord, dite tour des Espagnols, qui servait de poudrière, sauta par une cause inconnue, et entraîna avec elle la destruction, jusque dans leurs fondements, du bastion Saint-Pierre et de la majeure partie des courtines adjacentes. Les fragments de murailles restant sur les deux courtines, près le bastion Saint-Pierre et de la tour du Pied de

Biche, furent reliés depuis, en 1860, par un mur circulaire d'une grande élévation.

Le Château était autrefois complétement entouré d'eau ; on en voit une vue au musée d'Archéologie. La construction des quais a complétement modifié sa physionomie.

Le bâtiment principal, situé dans la cour, a une façade du xv° siècle, qui est d'une grande pureté de style; c'est ce que Nantes possède de plus beau en ce genre.

Les étrangers sont admis à visiter le Château ; il suffit de s'adresser à un des hommes de service en entrant.

L'*hôtel d'Aux* est le siége de la division militaire, sur la place Louis XVI.

Casernes.

Nantes possède cinq casernes, ce sont :

Celle de *cavalerie*, située à l'extrémité Est de la ville, de construction toute récente ; les installations y sont bien entendues.

La *caserne d'infanterie*, située rue Traversière, près la place Louis XVI. Elle occupe un ancien couvent de la Visitation, où Vert-Vert séjourna.

La *caserne de Gendarmerie*, construite tout récemment, est située sur la place du Palais de Justice.

La *caserne des Douanes*, située à mi-côteau de l'Hermitage, presqu'à l'extrémité de la Fosse.

Elle est habitée par les ménages des douaniers.

Enfin la *caserne de Passage*, établie place Brancas, près le théâtre de la Renaissance.

―――

CHAPITRE XVI.

HALLES, MARCHÉS, ABATTOIR.

La *Halle*, ou marché principal, est établie au pied du Musée de peinture, derrière l'église Saint-Nicolas. Des modifications importantes vont la transformer, sans la déplacer.

La *halle aux grains*, située quai Brancas, sous la Bibliothèque, a été construite en 1786. Les jours de marché sont les mercredis et samedis.

Le *marché de la place de la Duchesse-Anne*, dont nous avons déjà parlé (*p. 31*), est approvisionné, chaque matin, en légumes et fruits.

Le *marché de la place Dumoustier*, près la Cathédrale, est aussi approvisionné en fruits et en légumes.

Le *marché du Bouffay*, qui a lieu sur la place de ce nom, est approvisionné, chaque jour, de légumes, fruits, volailles, beurre, œufs, etc.

Le *marché aux fleurs* a lieu chaque dimanche matin et fêtes, sur la promenade de la Bourse.

La *Poissonnerie*, en face la place du Bouffay, sur l'autre rive de la Loire, a été reconstruite il y a quelques années. On y vend chaque jour, le matin, le poisson à la criée.

Le *marché de la place de la Monnaie*, approvisionné de fruits, légumes, et surtout de châtaignes, dans la saison.

L'administration vient de décider la construction de marchés couverts à la place qu'occupent aujourd'hui les bains de la Petite-Hollande, en face la Bourse.

L'*Abattoir*, rue Talensac, construit en 1829, est un établissement remarquable. Il est extrêmement vaste, et ne laisse rien à désirer. Nous engageons à l'aller visiter.

Un marché important de viande vient d'être nouvellement créé dans les terrains dépendant de l'Abattoir.

CHAPITRE XVII.

SERVICE DES EAUX.

Un service d'eaux, installé depuis quelques années, fonctionne dans tous les quartiers de Nantes; des bornes-fontaines établies en grand nombre, répandent dans les rues l'eau à profusion.

La prise d'eau est établie quai Richebourg, près la grande Gare, et est mue par de puissantes machines. L'eau aspirée est envoyée à l'extrémité Nord de la ville, sur les hauteurs de la place Viarme. C'est là que sont situés les bassins qui retiennent chaque jour l'eau destinée à l'alimentation. Cette eau, une fois filtrée, se répand par son propre poids dans toutes les artères de distribution.

La Fontaine de la place Royale, les Bains municipaux, le Jardin des Plantes sont alimentés par ce service.

CHAPITRE XVIII.

ÉTABLISSEMENTS RELATIFS AU COMMERCE.

La *Chambre de Commerce* est établie dans l'hôtel de la Bourse (*p. 43.*)

La *Douane*, installée dans l'hôtel n° 37, sur le quai de la Fosse.

L'*Octroi*, dont le siége d'administration est aussi sur la Fosse, n° 37.

Les *Salorges*, construites à l'extrémité de la Fosse, en 1778, forment aujourd'hui l'Entrepôt réel, pour les marchandises que l'on veut garder en magasin jusqu'à leur mise en consommation.

Un nouvel Entrepôt, non moins important que celui-ci, et qui en est séparé seulement par une rue, vient d'être récemment livré au commerce.

Une *Salle de Ventes* est installée depuis peu rue Boileau. Les ventes publiques ont lieu par les commissaires-priseurs.

CHAPITRE XIX.

LA MORGUE, LES CIMETIÈRES.

La *Morgue*, attenant à l'Hôtel-Dieu, est située sur le quai Moncousu. Les cadavres y sont reçus à toute heure.

Cimetières.

Il existe à Nantes 8 cimetières :

Celui *de Miséricorde*, créé en 1803. Il renferme de beaux monuments.

Celui *des Protestants*, séparé seulement par un mur du premier.

Celui *du culte Israélite*, contigu à celui des Protestants.

Celui *de la Bouteillerie*, ou Grand-Brigandin, près le jardin des plantes.

Celui *de Saint-Jacques*, près l'établissement de ce nom.

Celui *de Saint-Donatien*, touchant l'église de ce nom.

Celui *de Saint-Clair*, établi près la butte de Villeneuve.

Celui *de Sainte-Anne*, non loin de l'église.

NOMS DES RUES ET RUELLES

COURS, BOULEVARDS, AVENUES, PONTS, QUAIS, CHAUSSÉES ET CALES,
PLACES ET CARREFOURS,
COURS, IMPASSES, PASSAGES, ROUTES ET CHEMINS.

NOTA. — La première colonne comprend les noms des rues, etc., et les chiffres placés à la suite indiquent les numéros des cantons ou arrondissements ; la seconde colonne, les lieux adjacents où se trouvent situées les rues, et les renvois au plan de Nantes.

COURS, BOULEVARDS, AVENUES.

Allard, avenue,	6	pl. Launay, ch. de Couëron. C. 8.
Bourse, promenade,	3	hôtel de la Bourse. F. 4.
Cambronne, cours,	5	rue des Cadeniers, pl. Graslin. E. 4.
Delorme, boulevard,	5	pl. Delorme, rue Mondésir. E. 3.
Launay, avenue,	6	Entrepôt, Launay. D. 3.
Saint-Aignan, bould,	6	Launay, Pilleux. C. 3.
Saint-André, cours,	2	pl. Louis-XVI, l'Erdre. G. 3.
Sainte-Anne, avenue,	6	Eglise Sainte-Anne. B. 4.
Saint-Pern, boulevd,	6	Launay, Gigant. D. 3
Saint-Pierre, cours,	2	pl. Louis-XVI, côté de la Loire. G. 4.
Sébastopol, boulevd,	2	gare du Chemin de Fer. H. 4.

PONTS.

Aiguillon,	4	Poissonnerie, Bon-Secours. F. 4.
Arche-Sèche,	3	pl. Bretagne, rue Cacault. F. 3.
Arcole,	3	Erdre, quai Penthièvre. F. 4.
Barbin,	1 2	Erdre, quai Barbin. H. 2.
Belle-Croix,	4	île Feydeau, Bon-Secours. F. 4.
Bourse,	3	hôtel de la Bourse, île Feydeau. F. 4.
Ecluse,	3	Erdre, rue Feltre. F. 4.

Erdre,	3	q. Brancas, embouchure du canal. F. 4.
Feltre,	3	Musée de peinture. F. 3.
Gigant,	6	rue Gigant. D. 3.
Hôtel-de-Ville,	3	Erdre, q. Duquesne, pl. Cirque. F. 3.
Madeleine,	4	les Ponts. F. 5.
Maudit,	4	îles Feydeau et Gloriette. F. 4.
Morand,	1 2 3	Port-Communeau, rue Rennes. G. 3.
Orléans,	3	rues Barillerie et d'Orléans. F. 4.
Pirmil,	4	Vertais, Saint-Jacques, F. 7.
Pont-Rousseau,	4	Dos-d'Ane. E. 8.
Récollets,	4	les Ponts. F. 6.
Sauvetout,	1 3	r. Boucherie, pl. Bretagne. F. 3.
Toussaint,	4	Gr.-Biesse. F. 6.
Tracktir,	2	Gare, prairie de Mauves. H. 4.

QUAIS, CHAUSSÉES ET CALES.

Aiguillon,	6	Hermitage, Salorges. C. 4.
Baco,	4	prairie, Madeleine. G. 4.
Barbin,	2	cours Saint-André, Barbin. H. 2.
Bouffay,	3	Bouffay, pont d'Aiguillon. F. 4.
Brancas,	3	du pont d'Erdre à la Bourse. F. 4.
Cassard,	3	quai Brancas, rue d'Orléans. F. 4.
Ceyneray,	2	Erdre, derrière la Préfecture. G. 3.
Constructions,	6	Chézine. C. 4.
Côte Saint-Sébastien,	4	Pirmil. H. 8
De Lourmel,	2	prairie de Mauves. H. 5.
Duguay-Trouin,	4	île Feydeau F. 4.
Duquesne,	3	sur le Marais, Petits-Murs. F. 3.
Flesselles,	3	Bouffai. F. 4.
Fosse,	5 6	prom^{de} de la Bourse aux Salorges. E. 4.
Henri-Chevreau,	3	Bourse. F. 4.
Hoche,	4	prairie au Duc. F. 5.
Hôpital,	4	pont de la Belle-Croix. F. 4.
Ile-Gloriette,	4	pont Maudit. E. 4.
Jean-Bart,	3	quai Flesselles, Erdre. F. 4.
Madeleine, ch.,	4	du p. Madeleine au p. Belle-Croix. F. 5.
Magellan,	4	pont de la Madeleine. F. 5.
Maison-Rouge,	4	pont de la Belle-Croix. H. 5.
Malakoff,	2	prairie de Mauves. H. 4.
Malakoff, cale,	2	Idem. H. 4.

Marais,	3	Erdre, Port-Communeau. G. 3.
Moncousu,	4	pont de la Madeleine. F. 5.
Orléans,	3	canal d'Erdre. F. 3.
Penthièvre,	3	Erdre, p. d'Orléans, pl. Pts-Murs. F.3.
Piperie,	6	B, 5.
Port-Maillard,	3	Port-Maillard. G. 4.
Saint-Louis,	6	Sècherie. B. 5.
Tanneurs,	1	Bourgneuf, Erdre. F. 3.
Toussaint,	4	Gr.-Biesse. F. 6.
Turenne,	4	île Feydeau. F. 4.
Versailles,	1	Erdre, du pont Morand à Barbin. G.3.

PLACES ET CARREFOURS.

Bon-Pasteur,	5 3	rue Contrescarpe. F. 3.
Bouffay,	3	Bouffay. F. 4.
Brancas,	1 5	Bastille, Marchix. F. 3.
Bretagne,	1	r. Contrescarpe, r. Marchix. F. 3.
Carois,	2	Saint-Donatien. I. 2.
Casserie, carrefour,	3	Change. F. 4.
Change,	3	Basse-Gr.-Rue, r. Carmes. F. 4.
Chapelle,	6	Launay. C. 3.
Cirque,	1	q. d'Orléans, r. Arche-Sèche. F. 3.
Commerce,	3	pont de la Bourse. F. 4.
Croisic,	1	route de Rennes, Pontonnerie. G. 1.
Delorme,	5	r. Calvaire, r. Franklin. E. 3.
Duchesse-Anne,	2	Château, Richebourg. G. 4.
Dumoustier,	2	r. Notre-Dame, Refuge. G. 3.
Ecluse,	3	pont Ecluse. F. 4.
Entrepôt,	6	rue Entrepôt, rue Launay. D. 4.
François II,	4	Prairie-au-Duc. E. 5.
Garennes,	6	Sainte-Anne. B. 4.
Gigant,	6	r. Gigant, Rosière. E. 3.
Graslin,	5	Grand-Théâtre. F. 4.
La Fayette,	5	Palais de Justice. F. 3.
Launay,	6	av. Launay et Allard. D. 3.
Louis XVI,	2	cours S.-Pierre et S.-André. G. 3.
Martray,	1	Saint-Similien. F. 3.
Monnaie,	5 6	r. Voltaire, Urvoy-de-S.-Bedan. E. 3.
Neptune,	4	Poissonnerie. F. 4.
Newton,	5	r. Marceau et Deshoulières. E. 3.

Notre-Dame,	5 6	r. Voltaire et Dobrée. D. 4.
Paix,	4	l:e Gloriette. F. 4.
Petite-Hollande,	4	l:e Feydeau, pont Bourse. F. 4.
Petits-Capucins,	6	Hermitage. B. 4
Petits-Murs,	8	q. Penthièvre, r. Marais. F. 3.
Pilori,	2 3	Haute et Basse-Gr.-Rues. G. 4.
Pirmil,	4	p. Pirmil, Saint-Jacques. F. 7.
Port-Communeau,	2 3	q. Ceyneray, Marais, Port-Comm. G. 3.
Port-Maillard,	3	Château, Port-Maillard. G. 4.
Préfecture,	2	hôtel de la Préfecture, r. Royale. G. 3.
Royale,	3	r. d'Orléans, r. Crébillon. F. 4.
Saint-André,	2	rue S.-André, rue S.-Clément. H. 3.
Saint-Clair,	6	Mont-S.-Bernard (Ville-en-Bois). C. 2.
Sainte-Croix,	8	église Sainte-Croix. F. 4.
Sainte-Elisabeth,	1	rue Marchix. F. 3.
Saint-Félix,	1	église Saint-Félix. H. 1.
Saint-Jean,	2	r. de la Commune, r. N.-Dame. G. 3.
Saint-Pierre,	2	église Cathédrale. G. 4.
Saint-Similien,	1	église Saint-Similien. F. 3.
Saint-Vincent,	2 3	r. Briord, r. Saint-Vincent. G. 4.
Sanitat,	6	église Notre-Dame. D. 4.
Verrerie,	5	r. Verrerie. D. 4.
Viarme,	1 5	r. Porte-Neuve, Hauts-Pavés. F. 2.

COURS.

Baron,	1	rue Saint-Similien. F. 3.
Bons-Enfants,	6	Chézine. D. 4.
Boule-d'Or,	4	chaussée Madeleine. F. 4.
Bouye,	4	Grande-Biesse, les Ponts. F. 6.
Donard,	4	chaussée Madeleine. F. 4.
Drouin,	6	Roi-Baco, Grands-Jardins. C. 4.
Dubois,	5	Fosse. E. 4.
Duval,	6	B. 4
Essauts,	4	Saint-Jacques. F. 8.
Gaillard,	3 2	rue des Carmes. F. 4.
Hervés,	6	Hermitage. B. 4.
Macé,	4	Ponts, prairie Madeleine. F. 5.
Normand,	5	rue Scribe. E. 4.
Pêcheurs,	4	Vertais F. 7.
Porcher,	6	Hermitage. C. 4.

Quatre-Nations,	3 2	Saint-Nicolas. F. 4.
Richard,	5	Fosse. E. 4.
Sainte-Marie,	6	rue Constantine. D. 4.
Taille,	3	rue Clavurerie. F. 4.
Versailles,	3	quai Cassard. F. 4.

IMPASSES.

Audran,	2	cours Saint-André. G. 3.
Basse-Impas.-Maillard	3	rue Port-Maillard. G. 4.
Cadeniers,	5	Cadeniers, rue Voltaire. E. 4.
Dubois,	3	Port-Maillard. G. 4.
Gaudine,	3	place du Pilori. G. 4.
Grands-Jardins,	6	rue du Roi-Baco, Hermitage. B. 4.
Le Lorain,	6	place des Irlandais. E. 4.
Psallette,	2	pl. Saint-Pierre. G. 4.
Rosière,	6	rue Rosière. E. 3.
Saint-Clément,	2	rue Saint-Clément. H. 3.
Vierge,	6	Sanitat. D. 4.
Vignole,	2	cours Saint-André. G. 3.

PASSAGES.

Bouchaud,	3	Basse-Grande-Rue, Juiverie. F. 4.
Commerce,	5	Bourse, rue Santeuil. F. 4.
Louis-Levesque,	6	rues Menou et Filibien. F. 2.
Orléans,	3	rues d'Orléans et S.-Nicolas. F. 4.
Pommeraye,	5	rues Fosse et Santeuil. F. 4.
Raymond,	5	rue Lekain, rue Scribe. E. 3.
Russeil,	1	Hauts-Pavés, Bel-Air. F. 2.
Sainte-Anne,	1	Bel-Air. F 2.
Saint-Yves,	1	r. Bastille, Miséricorde. E. 2.
Tenue-Camus,	5	boul. Delorme, Folles-Chaillou. E. 2.

ROUTES ET CHEMINS.

Balet,	1	Barbin. G. 1.
Bas chem. du Coudray	2	Ecachoirs, le Coudray. H. 2.
Bas ch. de S.-Donat^{en}	2	Coudray au Pavillon, en S.-Donat. I. 2
Bonne-Garde,	4	Saint-Jacques. G. 3.
Chalâtres,	2	r. et route de Paris, Richebourg. K. 3.
Château-Gaillard,	2	bas chemin, r. et route de Paris. K. 2.
Clermont,	2	Coudray, Ecachoirs. I. 2.

Coteau de Miséry,	6	Hermitage. B. 4.
Coudray,	2	pl. S.-André, b. ch. du Coudray. H. 3.
Coutancinière,	4	S.-Jacques, des Ponts. F. 8.
Dervallières,	5	Bastille, Contrie. D. 1.
Ecachoirs,	2	q. Barbin, b. ch S.-Donatien. H. 2.
Eperonnière,	2	Eperonnière, Orphelins. I. 3.
Haute-Forêt,	1	Barbin. H. 1.
Hautière,	6	Moulin des Poules, rural. B. 4.
Haut-Moreau,	2	bas chem. du Coudray. I. 2.
Herses,	1	chem. des Dervallières. E. 1.
Miséricorde,	1.5	pl. Viarme. F. 2.
Mitrie,	2	boulevard Sébastopol. K. 3.
Monfoulon,	2	chem. Coudray, pont Barbin. H. 2.
Moulin des Poules,	6	Moulin des Poules, Launay. B. 4.
Pt ch. Moul. des Quarts	1	Barbin. H. 1.
Paris,	2	rue de Paris, rural. K. 1.
Plaisance,	6	Launay. C. 3.
Port-Garnier,	2	bas ch. S.-Donatien, Erdre. I. 2.
Rennes,	1	rural. G. 1.
Rochettes,	2	Richebourg, Eperonnière. I. 4.
Ruelle-d'Espagne,	2	Coudray, Saint-Donatien. I. 2.
Tournerond,	2	bas chem. Coudray, Erdre. I. 2.
Toutes-Aides,	2	au bout du boulev. Sébastopol. K. 4.
Trois-Ormeaux,	1	Miséricorde. F. 1.
Vieux ch. de Couëron,	6	Salorges, Corderies. C. 4.

RUES ET RUELLES.

Abbé de l'Epée,	6	Launay. C. 3.
Abreuvoir,	1	pl. Bretagne, q. d'Orléans. F. 3.
Affre,	8	Saint-Nicolas. F. 4.
Aguesseau,	2	place de la Préfecture. G. 3.
Alain-Barbe-Torte,	4	Prairie-au-Duc. E. 5.
Alger,	6	Verrerie, place Sanitat. D. 4.
Ancienne-Monnaie,	3	Bouffay, Port-Maillard. G. 4.
Ancin,	5	q. Fosse, n° 40, r. Héronnière. E. 4.
Angle,	3	Halle aux Grains. F. 4.
Anguille,	6	Hermitage. C. 4.
Anizon,	6	Gigant, pl. Monnaie. E. 3.
Anne de Bretagne,	4	Prairie-au-Duc. E. 5.
Arche de Mauves,	2	Richebourg. I. 4.

Arche-grande-Biesse,	4	Grande-Biesse (ponts). F. 6.
Arche-Sèche,	1 3	place Royale. F. 4.
Argentré,	2	place Préfecture. G. 3.
Arts,	1	r. Mercœur, pl. Saint-Similien. F. 3.
Arthur III,	4	Prairie-au-Duc. E. 5.
Athenas,	6	r. Voltaire, pl. de la Monnaie. E. 4.
Bâclerie,	3	Change. F. 4.
Bacqua,	4	l'e Gloriette. F. 5.
Balen,	4	l'e Feydeau, Saulzaye. F. 4.
Banier,	4	l'e Gloriette. F. 5.
Barbin,	1	Barbin. H. 2.
Barillerie,	3	Casserie, pont d'Orléans. F. 4.
Baron,	4	prairie Madeleine. G. 5.
Barrière-de-Couëron,	1	pl. Brancas, Marchix. F. 3.
Bas du cours S.-André,	2	Saint-André, q. Barbin. G. 3.
Basse-Grande-Rue,	3	*Idem*, Change. F. 4.
Basse-rue-Casserie,	3	q. Orléans, r. Clavurerie. F. 4.
Basse-r.-du-Château,	2	Pilori, Château. G. 4.
Basse-rue-du-Trépied,	1	r. des Arts, r. Saint-Similien. F. 3.
Basse-Saulzaye,	4	l'e Feydeau. K. 4.
Bastille,	1	pl. Brancas, Folies-Chaillou. E. 2.
Bayard,	6	Entrepôt. D. 3.
Beauregard,	3	Sainte-Croix. F. 4.
Beau-Séjour,	4	les Ponts. F. 6.
Beau-Soleil,	2	S -Vincent, Haute-Gr.-Rue. G. 4.
Beaumanoir,	6	Catherinettes, pl. Monnaie. E. 3.
Bel-Air,	1	S.-Similien, route de Rennes. G. 2.
Belle-Image,	3	Sainte-Croix. F. 4.
Belleville,	6	Launay. D. 3.
Belsunce,	6	pl. Notre-Dame. D. 3.
Bertrand-Geslin,	5	boulevard Delorme. E. 3.
Blaise,	6	Chézine, q. Fosse, n° 87. D. 4.
Bias,	4	Ile Gloriette. F. 4.
Bisson,	6	Salorges. C. 4.
Bléterie,	3	q. Flesselles, r. Casserie. F. 4.
Blois,	5	rue Jean-Jacques. E. 4.
Bocage,	6	boulevard Delorme, Gigant. E. 3.
Boileau,	5	r. Crébillon, Calvaire. F. 4.
Bois-Tortu,	8	Saint-Nicolas, r. d'Orléans. F. 4.
Bon-Secours,	4	Ile Feydeau, Poissonnerie. F. 4.
Bonne-Garde, ruelle,	4	Saint-Jacques. F. 8.

Bonne-Louise,	6	Gigant et rue du Bocage. E. 3.
Bons-Français,	8	rue du Moulin. F. 4.
Boucherie,	3	pont Sauvetout, Clavurerie. F. 3.
Bouffay,	3	r. Poissonnerie, pl. Ste-Croix. F. 4.
Bourgneuf,	1	Saint-Similien, q. Tanneurs. G. 3.
Bourse,	3	hôtel de la Bourse. F. 4.
Brassereau,	4	Saint-Jacques, Dos-d'Ane. F. 8.
Brasserie,	6	Chézine, Launay. D. 4.
Bréa,	5	r. Cadeniers, Flandres. E. 4.
Briord,	2 3	pl. du Pilori, Saint-Vincent. G. 4.
Brosses,	6	Launay. D. 3.
Cacault,	3	Musée de Peinture. F. 3.
Cadeniers,	5	cours Napoléon. E. 4.
Calot,	1	pl. Viarme. F. 3.
Calvaire,	5	pl. Delorme, Bon-Pasteur. F. 3.
Cambronne,	5	r. des Cadeniers. E. 4.
Canclaux,	6	Entrepôt. D. 3.
Cardine,	5	Fosse, n° 70. D. 4.
Carmélites,	2	Château, Haute-Grande-Rue. G. 4.
Carmes,	3	Change. F. 4.
Carrois, ruelle,	2	bas ch. du Coudray, pl. Carrois. I. 2.
Casserie, ruelle,	3	q. Orléans, r. Clavurerie. F. 4.
Cassini,	5	boulevard Delorme. E. 3.
Cassy, ruelle,	6	Hermitage. C. 4.
Catinat,	6	Entrepôt. D. 3.
Chapeau-Rouge,	5	r. Calvaire, r. Boileau. F. 3.
Chapeliers,	3	pl. du Pilori, Juiverie. G. 4.
Chaptal,	6	Launay. D. 3.
Châteaubriand,	1	q. Versailles. G. 3.
Chauvin,	2	pl. Louis XVI. G. 3.
Chêne-d'Aron,	5	rue Jean-Jacques. E. 4.
Cheval-Blanc,	8	r. Marais, r. Saint-Léonard. F. 3.
Chevert,	6	Entrepôt. D. 3.
Clavurerie,	3	Saint-Nicolas. F. 4.
Clisson,	4	Ile Feydeau, Saulzaye. F. 4.
Colbert,	6	rue Gigant. E. 3.
Colombel,	1	Saint-Félix. H. 4.
Colunielle,	4	prairie Madeleine. G. 5.
Commune,	3	Hôtel-de-Ville. G. 3.
Conan-Mériadec,	4	Prairie-au-Duc. F. 6.
Constantine,	6	pl. Sanitat, r. Launay. D. 4.

Contrescarpe,	3	pl. Bretagne, r. Crébillon. F. 4.
Copernic,	5	boulevard Delorme, r. Gigant. E. 3.
Corneille,	5	Graslin. E. 4.
Coulées,	6	Entrepôt, r. Dobrée. D. 3.
Courtine,	5	Fosse, 60. E. 4.
Coustou,	2	r. Richebourg. G. 4.
Coutance,	1	Bel-Air, pl. Viarme. F. 2.
Crébillon,	3 5	pl. Graslin, Royale. E. F. 3.
Croisic,	1	route Rennes, Pontonnerie. G. 1.
Crucy,	4	prairie Madeleine. G. 4.
Cuvier,	6	Launay. D. 3.
Damremont,	6	pl. Sanitat, r. Dobrée. D. 4.
Daubenton,	6	Launay, rue Brasserie. C. 3.
De Cornullier,	2	prairie de Mauves. H. 5.
De Courson,	2	Saint-Clément. H. 3.
D'Erlon,	1	Marchix. F. 3.
De Feltre,	3	Musée de Peinture. F. 3.
De Hercé,	4	Prairie-au-Duc. H. 5.
De La Salle,	2	Richebourg. G. 4.
Descartes,	5	boulevard Delorme. E. 3.
Deshoullières,	5	r. Bastille, pl. Newton. E. 3.
Deurbroucq,	4	Île Gloriette. E. 4.
De Vaudreuil,	2	Richebourg. H. 4.
Diderot,	4	Île Feydeau, Bon-Secours. F. 4.
Didienne,	1	rue Saint-Similien. F. 3.
Dobrée,	6	pl. Notre-Dame, Entrepôt. D. 4.
Dos-d'Ane,	4	Pont-Rousseau, Pirmil. F. 8.
Dubreil,	6	Fosse, n° 95, r. Brasserie. D. 4.
Dubois,	3	Port-Maillard. G. 4.
Du Couëdic,	3	Halle aux Grains. F. 4.
Dudrezène,	6	Launay. C. 3.
Dufou,	1	Saint-Félix. H. 1.
Dugommier,	5	r. La Fayette. E. F. 3.
Duguesclin,	4	Île Feydeau. F. 4.
Dumé, ruelle,	4	Grande-Biesse. F. 6.
Duvoisin,	3	Saint-Nicolas. F. 4.
Échappée,	4	Récollets. F. 6.
Échelle,	3	douves Saint-Nicolas. F. 4.
Écluse,	3	pont de l'Écluse, r. Carmes. F. 4.
Emery,	3	r. et pl. Port-Maillard. G. 4.
Enfer,	3	Port-Communeau. G. 3.

Entrepôt,	6	pl. Entrepôt, r. Gigant. D. 3.
Espagne, ruelle,	2	pl. Carrois, bas ch. S.-Donatien. I. 8.
Esprit-des-Lois,	5	r. Franklin. E. 3.
Etats,	5	Château. G. 4.
Etier-de-Mauves,	2	Richebourg. H. 4.
Evêché,	2	pl. S.-Pierre, pl. Louis XVI G. 3.
Fabert,	6	Entrepôt. D. 3.
Faïencerie,	4	Chaussée Madeleine. F. 5.
Faïencerie, ruelle,	4	Chaussée Madeleine. I. 5.
Falconnet,	5	q. Fosse, n° 54. E. 4.
Félix,	2	cours Saint-Pierre. G. 4.
Fellonneau,	1	Saint-Félix. H. 1.
Fénelon,	3	pl. S.-Vincent, r. de la Commune. G. 4.
Filibien,	5	Miséricorde. E. F. 2.
Flandres,	5	Fosse, n° 64, r. Voltaire. E. 4.
Flore,	2	Jardin des Plantes. H. 4.
Fontaine-de-Barbin,	1	Barbin. H 2.
Fosse,	3 5	pl. Royale, Bourse. F. 4.
Fourcroy,	5	Fosse, n° 19, r. Héronnière. E. 4.
Fouré,	4	prairie Madeleine. G. 5.
Franklin,	5	pl. Delorme, r. Racine. E. 3.
Fredureau,	1	r. Coutance, r. Sarrazin. F. 2.
Fulton,	6	Launay. C. 3.
Galissonnière,	6	r. Urvoy-de-Saint-Bedan. E. 3.
Garde-Dieu,	3	Saint-Léonard. G. 3.
Garennes,	6	Sainte-Anne. B. 4.
Gassendi,	6	Sècherie. B. 5.
Gassion,	6	Entrepôt. D. 3.
Geslin,	5	Bourse. F. 4.
Gigant,	5 6	r. Franklin, Ville-en-Bois. D. E. 3.
Gorges,	3	pl. Royale et Commerce. F. 4.
Grands-Jardins, ruel.	6	r. Roi-Baco, Hermitage. C. 4.
Grande-Blesse,	4	les Ponts. F. 6.
Grande-Blesse, ruelle,	4	Idem. F. 6.
Gresset,	5	pl. Graslin. E. 4.
Grétry,	5	r. Crébillon. E. 4.
Grou,	2	cimetière de la Bouteillerie. H. 3. 4.
Guérande,	3 5	r. Crébillon, r. de la Fosse. F. 4.
Halles,	3	Change, q. Penthièvre. F. 4.
Harrouis,	5	pl. Brancas, boulev. Delorme. E. 3.
Haudaudine,	4	Île Gloriette. F. 4.

Hauterue du Château,	2	Château, Saint-Pierre. G. 4.
Haute imp. Maillard,	3	rue Port-Maillard. G. 4.
Haute-Grande-Rue,	2	Pilori, Saint-Pierre. G. 4.
Haute-Rue-Casserie,	3	pl. du Change, q. Penthièvre. F. 4.
Haute rue du Trépied,	1	rue des Arts, Marchix. F. 3.
Haute-Saulzaye,	4	île Feydeau. F. 4.
Hauteroche,	1	Bel-Air. G. 2.
Hauts-Pavés,	1	place Viarme. F. 1. 2.
Hermitage,	6	Salorges, Sainte-Anne. C. 4.
Héronnière,	5	cours Cambronne. E. 4.
Herses,	5	Bastille. E. 1 2.
Hôtel-de-Ville,	3	Hôtel-de-Ville, q. Duquesne. G. 3.
Industrie,	1	rue Mercœur, Marchix. F. 3.
Irlandais,	6	pl. Monnaie. E. 3. 4.
Jardin des Plantes,	2	Lycée. H. 4.
Jardins,	1	rue de Rennes, Versailles. G. 3.
Jean-Jacq.-Rousseau,	5	Graslin. E. 4.
Jenner,	6	Launay. C. 3.
Juiverie,	6	Bouffay. G. 4.
Kervégan,	4	île Feydeau, Bon-Secours. F. 4.
Kléber,	6	pl. Monnaie, r. Gigant. E. 3.
La Chalotais,	5	Graslin. E. 4.
La Fayette,	3	Calvaire, Palais de Justice. F. 3.
La Fontaine,	5	Graslin. E. 4.
Lambert,	3	Port-Maillard. G. 4.
Lambert, ruelle,	1	Versailles. H. 2.
Lamotte-Piquet,	6	Launay. D. 3.
Lanoue-Bras-de-Fer,	4	Prairie-au-Duc. E. 5.
Lapeyrouse,	3	Halle aux Grains. F. 4.
La Tour-d'Auvergne,	4	Prairie-au-Duc. E. 5.
Launay,	6	Fosse, n° 82, Entrepôt. D. 4.
Lavierge,	5	q. Fosse, n° 74. D. 4.
Lavoisier,	6	Launay. D. 4.
Lebrun,	2	S.-Clément, cours S.-André. G. 3.
Lekain,	5	Scribe, Calvaire. E. 3.
Lemot,	6	Launay. C. 3.
Le Nôtre,	1	q. des Tanneurs, pl. S.-Similien. E.3.
Le Pays,	6	Launay. C. 3.
Le Sage,	5	rue Voltaire, pl. Monnaie. E. 4.
Lévêque,	5	q. Fosse, n° 13. E. 4.
Linné,	6	Launay. D. 3.

Lusançay,	6	Sécherie. B. 4.
Lycée,	2	cours Saint-Pierre. G. H. 4.
Malgouverne, ruelle,	2	Orphelins, rue de Paris. I. 3.
Malherbe,	2	cours Saint-Pierre. G. H. 4.
Marais,	3	q. du Marais, Erdre. F. 3.
Marceau,	5	Palais de Justice, bould Delorme. E.3.
Marchix,	1	pl. Bretagne, pl. Ste-Elisabeth. F. 3.
Marignan,	4	Dos-d'Ane et Saint-Jacques. F. 8.
Marins,	5	Fosse, n° 49, Héronnière. E. 4.
Marivaux,	3	r. Gigant, pl. Monnaie. E. 3.
Marmontel,	4	chaussée Madeleine. F. 5.
Martray, ruelle,	1	r. Sarrazin. F. 3.
Mascara,	6	pl. Sanitat, r. Dobrée. D. 4.
Massillon,	6	pl. Notre-Dame. D. 3.
Maurice-Duval,	2	Préfecture. G. 3.
Mazagran,	6	Fosse, n° 82. D. 4.
Mellier,	6	Launay. C. 3.
Menou,	1 5	pl. Viarme. F. 2.
Mercœur,	1 5	pl. Bretagne. F. 3.
Michel-Columb,	4	Prairie-au-Duc. F. 5.
Miséricorde,	1 5	pl. Viarme. F. 2.
Misère,	6	Hermitage. B. 4.
Moac,	1	rue Rennes. G. 2.
Molière,	5	Graslin. E. 4.
Mondésir,	5	Bastille, boulevard Delorme. E. 3.
Montaudouine,	5	Fosse, n° 56. E. 4.
Mont-Goguet, ruelle,	1	Barbin. H 1.
Montlyon,	6	Launay. C. 3.
Moquechien,	1	Saint-Similien, q. Tanneurs. F. 3.
Moulin,	3	Hôtel-de-Ville, Bas.-Grande-Rue. F.4.
Monteil,	4	prairie Madeleine. G. 4.
Muséum,	3	Saint-Léonard, Marais. G. 3.
Neper,	4	Ile Feydeau, Bon-Secours. F. 4.
Neuf Ponts,	4	Pont de Pirmil. F. 7.
Neuve-des-Capucins,	5	q. Fosse, n° 29, r Héronnière. E. 4.
Newton,	5	pl. Delorme. E. 3.
Noire,	1	Hauts-Pavés, rte de Rennes. F.G.1.2.
Notre-Dame,	2	pl. Saint-Pierre. G. 3.
Ogée,	2	pl. Dumoustier. G. 3.
Olivettes,	4	q. Maison-Rouge. F. 5.
Orléans,	3	pl. Royale et pont d'Orléans. F. 4.

Orphelins,	2	Jardin des Plantes. I. 3.
Ouches-Versailles,	1	Barbin. G. 2.
Oudy,	4	Ile Glorietto. F. 4.
Pagan,	4	Ile Feydeau. F. 4.
Paré,	1	pl. Bretagne. F. 3.
Paris,	2	Saint-Félix. H. 1.
Paris,	6	S.-Donatien, route de Paris. I. 3.
Parmentier,	6	Launay. C. 3.
Passage du Sanitat,	3	r. d'Alger, q. Fosse, n° 80. D. 4.
Pas-Périlleux,	5	q. Jean-Bart, r. Poissonnerie. F. 4.
Pavillon,	6	Piperie. B. 4.
Pavillon, ruelle,	6	*Idem.* B. 4.
Pelisson,	4	q. Maison-Rouge. F. 4.
Pénitentes,	2 3	Port-Communeau. G. 3.
Perrault,	4	rue Olivettes. F. 5.
Perrette,	4	*Idem.* G. 5.
Perrières,	6	Garennes, Grands-Jardins. B. 4.
Petit-Bacchus,	3	Bouffay. F. 4.
Petit-Bourgneuf, ruel.	1	S.-Similien, q. des Tanneurs. F. 3.
Petite-Biesse,	4	les Ponts. F. 6.
Petit-Pierre,	4	Verta's. F. 7.
Petit-Quai, ruelle,	4	Petite-Biesse. F. 6.
Petits-Murs,	1 3	Boucherie, escalier q. d'Orléans. F. 3.
Petite-r.-Bon-Secours,	4	r. Bon-Secours. F. 4.
Petite rue Brancas,	1	place Viarme. F. 3.
Petite rue des Carmes,	3	rue des Bons-Français. F. 4.
Petite rue Courtine,	5	Fosse, 60. E. 4.
Petite rue de Flandres,	5	pl. Verrerie. E. 4.
Petite rue Fénelon,	3	r. Fénelon, petite r. S.-Vincent. G. 3.
Petite rue Launay,	6	Fosse, n° 102, Launay. C. 4.
Petite rue Marais,	3	r. Marais. F. 3.
Pet. r. Montaudouine,	5	Fosse, n° 56. E. 4.
Petite r. Moquechien,	1	rues de Rennes, Moquechien. F. 3.
Pet. r. Notre-Dame,	3	Hôtel-de-Ville. F. 3.
Petite rue du Refuge,	2	Refuge, Saint-Jean. G. 3.
Petite rue S.-André,	2	Saint-André, Saint-Clément. H. 3.
Petite rue S.-Clément,	2	Saint-Clément, Orphelins. H. 3.
Petite rue S.-Donatien,	2	pl. du Carrois, rue de Paris. I. 3.
Petite rue S.-Vincent,	3	Hôtel-de-Ville, pl. Saint-Vincent. G. 3.
Petite rue Verrerie,	5	r. Verrerie, Fosse, 68. D. 4.
Pierre-Nantaise,	6	Sainte-Anne. B. 4.

Piperie,	6	q. Saint-Louis. B. 5.
Piron,	5	cours Cambronne. E. 4.
Poissonnerie,	8	Change, q. Flesselles. F. 4.
Port-Cassard,	4	Dos-d'Ane. F. 7.
Port-Communeau,	3	pl. Pt-Communeau, r. S.-Léonard. G. 3.
Port-Maillard,	8	Port-Maillard, r. Juiverie. G. 4.
Port-la-Parée,	4	Vertais, les Ponts. F. 7.
Port-Sablé,	4	Dos-d'Ane F. 7.
Po tail,	2	r. Notre-Dame. G. 3.
Porte-Neuve,	1	Marchix, pl. Viarme. F. 3.
Poudrière,	2	pl. Saint-André, pont Barbin. H. 2, 3.
Prairie-au-Duc,	4	Prairie-au-Duc. E. 5.
Prairie d'Amont,	4	r. Vertais, entre les nos 69 et 71. F. 7.
Prairie d'Aval,	4	Vertais, les Ponts. F. 7.
Pré-Sauzais, ruelle,	4	Petite-Biesse. F. 6.
Prémion,	2 3	Château. G. 4.
Pré-Nian,	3	q. d'Orléans. F. 4.
Puits-d'Argent,	5	passage Pommeraye. F. 4.
Quai-Brasserie, ruelle,	1	Vertais, les Ponts. F. 6.
Quarts de Barbin, ruel.	1	Barbin. H. 1.
Quarts de Barbin,	1	Idem. H. 1.
Quatre-Vents, ruelle,	4	Grande-Biesse. F. 6.
Rabelais,	2	Richebourg. H. 4.
Racine,	5	Graslin. E. 3.
Raffinerie,	4	Grande-Biesse. F. 6.
Rameau,	5	r. Crébillon, r. Santeuil. E. 4.
Récollets,	4	les Ponts. F. 6.
Refuge,	2	pl. Préfecture. G. 3.
Régnard,	3 5	Graslin. E. 4.
Regnier,	5	r. Crébillon, r. Puits-d'Argent. F. 4.
Rennes,	1	Port-Comm. à la rte de Rennes. G. 3.
Richebourg,	2	pl. Duch.-Anne, Jardin des Plant. H. 4.
Richer,	6	Launay. D. 3.
Rogatien,	2	Saint-Clément. I. 3.
Roi-Baco,	6	Hermitage, Corderies, Garennes. C. 4.
Roi-Baco, ruelle,	6	Hermitage. C. 4.
Rollin,	6	Launay. C. 3.
Rose,	6	Entrepôt. D. 3.
Rosière,	6	r. Voltaire, r. Gigant. E. 3.
Royale,	2	Evêché, pl. Préfecture. C. 3.
Rubens,	5	r. Boileau, r. Contrescarpe. F. 4.

Saget,	1	Versailles. G. 3.
Saint-André,	2	cours et pl. S.-André. H. 3.
Sainte-Anne,	6	Sainte-Anne. B. 4.
Sainte-Catherine,	3	Erdre, Halle au Blé. F. 4.
Saint-Charles,	2	Saint-Clément. I. 3.
Saint-Charles, ruelle,	2	Séminaire. I. 3.
Saint-Clair,	6	église Sainte-Anne. B. 4.
Saint-Clément,	2	pl. Louis XVI à Saint-Donatien. H. 3.
Sainte-Croix,	3	église Sainte-Croix, Juiverie. F. 4.
Petite rue Ste-Croix,	3	Basse-Gr.-Rue, Sainte-Croix. F. 4.
Saint-Denis,	2	Notre-Dame, Haute-Gr.-Rue. G. 4.
Saint-Donatien,	2	église Saint-Donatien. I. 2.
Ste-Elisabeth, rue,	6	Sainte-Anne. B. 4.
Saint-Gohard,	6	Sainte-Anne. B. 4.
Saint-Hermeland,	4	Prairie-au-Duc. F. 5.
Saint-Jacques,	4	les Ponts, Pirmil. F. 8.
Saint-Jean,	2 3	pl. Saint-Jean, r. des Pénitentes. G. 3.
Saint-Joseph,	4	Récollets. F. 6.
Saint-Julien,	3	pl. Royale. F. 4.
Saint-Laurent,	2	pl. Saint-Pierre. G. 4.
Saint-Léonard,	3	r. Carmes, Port-Communeau. F. 3.
Sainte-Marie,	6	Rosière, les Coulées. D. 3.
Sainte-Marthe,	6	Sainte-Anne. B. 4.
Saint-Nicolas,	3	Saint-Nicolas, pl. Royale. F. 4.
Saint-Pasquier,	6	Sainte-Anne. B. 4.
Saint-Rogatien,	2	S.-Clément, route de Paris. I. 3.
Saint-Similien,	1	église S.-Similien, Marchix. F. 3.
Saint-Vincent,	2 3	pl. Saint-Vincent, pl. Saint-Jean. G. 3.
Salorges,	6	Salorges, Corderies. C. 4.
Sanlecque,	4	prairie Madeleine. F. 5.
Santeuil,	5	r. Crébillon, Jean-Jacques. E. 4.
Sarrazin,	1	église S.-Similien, pl. Viarme. F. 3.
Scribe,	5	r. Boileau, r. Franklin. E. 4.
Seil,	2	Richebourg, q. Gare. H. 4.
Séjour,	6	Fosse, n° 79. D. 4.
Sentier,	1	route de Rennes. G. 2.
Sévigné,	5 6	Gigant, rue du Bocage. E. 3.
Suffren,	5	Jean Jacques. E. 4.
Sully,	2	cours Saint-André. G. 3.
Surcouf,	2	Richebourg. H. 4.
Talensac,	1	Bel-Air, rue de Rennes. G. 3.

Tanneurs, ruelle,	1	q. des Tanneurs. F. 3.
Thurot,	3	Bourse. F. 4.
Tournefort,	2	cours Saint-André G. 3.
Toussaint, ruelle,	4	Grande-Biesse F 6.
Travers,	3	Change, Sainte-Croix. F. 4.
Traversière,	2	pl Louis XVI, r. S.-Clément. G. 3.
Trois-Barils,	5	Fosse, n° 68 E. 4.
Trois-Matelots,	5	Fosse, n° 51, r. Héronnière. E. 4.
Trois-Trompettes,	3	pl. du Commerce, r. Fosse. F. 4.
Union,	3	Château. G 4.
Urvoy-de-S.-Bedan,	6	r. Rosière, pl Monnaie. E. 3.
Vauban,	3	pl. Royale F. 4.
Verrerie.	5 6	Fosse, n° 74, pl. Notre-Dame. D. 4.
Versailles,	1	r. Rennes, Erdre. G. 3.
Vertais,	4	Ponts F. 7.
Vert-Bâton,	6	Fosse, n° 80. D 4.
Vertou,	4	Saint-Jacques F. 8.
Vieil-Hôpital,	3	q. Jean-Bart. E. 4.
Vieilles-Douves,	3	douves Saint-Nicolas. F. 4.
Vierge-Marie,	6	Sainte-Anne. B. 4.
Vignes,	5	Fosse, Flandres. E. 4.
Villars,	6	Entrepôt. D. 3.
Voltaire,	5 6	pl. Graslin à la pl. N.-Dame. E. 4.

INDEX ALPHABÉTIQUE.

Abattoir, 66.
Appartements meublés, 17.
Archives, 42.
Arrivée à Nantes (l'), 7.
Asile des vieillards, 61.
Avenues, 69.
Bains publics, 18.
Banque de France, 43.
Bateaux à vapeur, 12.
Beaux-Arts (hôtel des), 21, 45.
Bibliothèque, 57.
Boulevards, 26, 69.
Bourse, 43.
Budget, 25.
Bureaux de bienfaisance, 62.
Cabinets littéraires, 21.
Cafés, 17.
Caisse d'épargnes, 62.
Cales, 70.
Canal de Nantes à Brest, 26.
Canotage, 48.
Carrefours, 64.
Cercles, 21.
Chambre de commerce, 67.
Changeur de Monnaies, 20.
Chantiers de construction navale, 29.
Chapelles, 41.
Château, 63.
Chaussées, 70.
Chemins, 73.
Chemins de fer, 11.
Choix d'un hôtel, 15.
Cimetières, 68.
Climat, 25.
Colonne Louis XVI, 32.
Consulats, 19.
Cours, 69, 72.
Correspondance des omnibus, 11.
Courses de chevaux, 48.
Dépôt de mendicité, 60.
Division de Nantes, 25.
Douane, 67.
Eaux (service des), 66.
Ecoles, 56.
Ecole d'équitation, 49.
— d'hydrographie, 55.
— de médecine et de pharmacie, 55.
— de natation, 49.
— préparatoire des sciences et des lettres, 55.
— profession. municipale, 56.
— des sourds-muets, 56.
Eglises, 37.
— cathédrale, 37.
— Notre-Dame, 40.
— Saint-Jacques, 41.
— Saint-Clément, 41.
— Sainte-Croix, 41.
— Saint-Nicolas, 40.
Entrepôt, 67.
Fontaine, 33.
Fourneaux alimentaires, 63.
Gymnastique, 49.
Halles et marchés, 63.
Hôpital général de Saint-Jacques, 60.
Hôtel-de-Ville, 43.

Hôtel-Dieu, 60.
Hospice des incurables, 61.
Hôtels meublés, 17.
Hôtel de la Division Militre, 64.
Impasses, 73.
Intendance Militaire, 43.
Itinéraire (modèle d'), 22
Jardin des plantes, 35.
Lycée, 55.
Limites de Nantes, 23.
Mairie, 43.
Marine et colonies, 43.
Maison de santé, 18.
Maisons remarquables, 44.
Mont-de-piété, 62.
Morgue, 68.
Musée de peinture, 49.
Musée d'archéologie, 53.
Museum d'hist. naturelle, 54.
Natation (écoles de), 49.
Octroi, 67.
Omnibus de la Cie, 10.
— du chemin de fer, 7.
Palais de Justice, 58.
Passages, 34, 73.
Passages d'eau, 14.
Places, 29, 71.
Ponts, 27.
Population, 24.
Port, 29.
Postes, 19.
Prison, 59.
Promenades, 36.
Préfecture, 42.

Quais, 26, 70.
Restaurants, 16.
Routes, 73.
Rues, 33, 74.
Salons de rafraîchissemts, 17.
Salorges, 67.
Salle des ventes, 67.
Séminaires, 56.
Service des eaux, 66.
Situation de Nantes, 24.
Société académique, 56.
Société d'horticulture, 57.
Société de secours mutls, 63.
— savantes, 56.
Sport, 21, 45.
Squarres, 30.
Statues, 32.
Superficie de Nantes, 25.
Synagogue, 42.
Tabacs (Manufacture des), 44.
Tables d'hôte, 16.
Télégraphe électrique, 20.
Temple protestant, 42.
Théâtre (grand), 47.
Théâtre Renaissance, 47.
Table méthodique, 5.
Tombeau de François II, 38.
Tribunal de Commerce, 59.
Tribunal de simple police, 59.
— commercial et marit., 59.
Voitures publiques, 7.
— de place, 8.
— de remise, 9.
— des environs, 14.

Nantes, Imprimerie V. Bourgeois, rue Saint-Clément, 113.

CPSIA information can be obtained
at www.ICGtesting.com
Printed in the USA
LVHW020028100919
630454LV00012B/464/P